关 怀 现 实 ， 沟 通 学 术 与 大 众

瓜生同蒂

A Tale of Two Melons
Emperor and Subject in Ming China

Sarah Schneewind

明代的皇帝与臣民

［美］施珊珊 著

康海源 译

广东人民出版社
· 广州 ·

图书在版编目（CIP）数据

瓜生同蒂：明代的皇帝与臣民 /（美）施珊珊著；康海源译. -- 广州：广东人民出版社，2025.8.
(万有引力书系). -- ISBN 978-7-218-18630-6

Ⅰ.D691.2

中国国家版本馆CIP数据核字第2025ZR2479号

著作权合同登记号：图字19-2025-101号

©2006 by Hackett Publishing Company, inc.
Simplified characters Chinese edition published by arrangement with the literary agency Eulama Lit.Ag.

GUA SHENG TONG DI: MINGDAI DE HUANGDI YU CHENMIN
瓜生同蒂：明代的皇帝与臣民
[美] 施珊珊 著 康海源 译　　　　版权所有 翻印必究

出 版 人：肖风华

书系主编：施 勇 钱 丰
责任编辑：刘飞桐 梁欣彤
营销编辑：龚文豪 黄 屏
责任技编：吴彦斌

出版发行：广东人民出版社
地　　址：广州市越秀区大沙头四马路10号（邮政编码：510199）
电　　话：（020）85716809（总编室）
传　　真：（020）83289585
网　　址：http://www.gdpph.com
印　　刷：广州市岭美文化科技有限公司
开　　本：889毫米×1194毫米　1/32
印　　张：6.25　　字　　数：100千
版　　次：2025年8月第1版
印　　次：2025年8月第1次印刷
定　　价：68.00元

如发现印装质量问题，影响阅读，请与出版社（020-85716849）联系调换。
售书热线：（020）87716172

献给Bruce

目录

大事记	1
张家谱系	2
前言	3
第一章 嘉瓜	21
第二章 帝言	37
第三章 句容	53
第四章 张家	63
第五章 神笑	91
第六章 重述	107
结语 明帝国的流动	133
致谢	137
注释	139
参考文献	173
附录 三种叙事	189

大事记

1352 年，朱元璋加入红巾军。

1355 年，朱元璋及其军队渡过长江。

1356 年，朱元璋向祠山神问卜，并攻占南京。

1367 年，句容向朱元璋献上嘉禾。

1372 年，张观进献嘉瓜。

1388 年，南京修建祠山庙。

1389 年，句容县请求为祠山神立碑。

约 1391 年，张观、张谦被处决，张逸、张达遭流放。

1406 年，张谏出生。

1439 年，张谏考中进士。

1443 年，张谏丁母忧。

1452 年，张谏的父母和妻子受到景泰帝的封赠。

约 1454 年，张逸返回句容

约 1456 年，张逸去世，享年 83 岁；张谏丁父忧。

1471 年，张谏死于太仆寺卿任上。

1472 年，县令将张谏、张逸二人列入乡贤祠祭祀对象。

1492 年，《句容县志》开始编纂。

1524 年，葡萄牙人对明代历史的记载始于这一年。

张家谱系

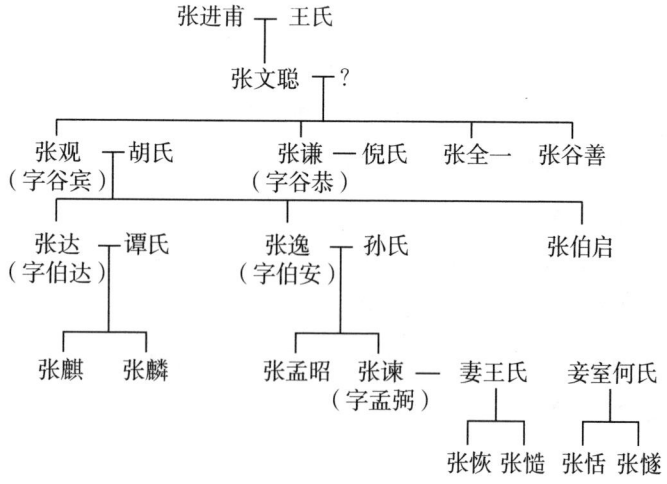

前言

写历史就像制作拼贴画。带着关于过去的问题，历史学家搜寻着某个时空留存下来的各种文献，例如中国明代（1368—1644）的文献。其中一些文本谈及过去生活的方方面面，从而能解决历史学家的问题。历史学家找到的大部分文本内容都与他们的问题没有直接关系，因此他们会将其搁置。而有些文本所提供的历史片段，则导向其他问题。（这本书就源于我对一个偶然看到的题目生出的好奇，当时我正在查找明朝开国皇帝朱元璋写的关于中国乡村的文本。）历史学家发现史实后，会将它们组合在一起，形成一幅描摹某个历史时期生活图景的画卷。这幅画卷包含叙事，其中的人物和事件沿着时间脉络向前发展；包含对这些事件因果的解释；还包含分析，将发生在不同时间或地点的事件组合在一起并加以阐释。历史学家每一步都在寻找、筛选和整理，以期更全面地了解超过任何单一文本所能传达的信息。这些文本必须是其他人也能获取的，如此，历史学家所基于的史实就能被检验；而且历史学家创作的画卷必须与其他史实和范式相符，这样我们就能确定它们真正阐明了过去的某些方面。

历史学家还必须牢记，他所使用的文本并不只是过去的碎片。每一份文本都出于某种目的被编写而成，并以特定的方式呈现人物和事件。中国的文字记录始于商代（约前1600—前1046）对王室、战争、天气和收成等事务占卜结果的记载。在周代（前1046—前256），周王的文告和命令被记录下来，早期君主的历史也被编造出来，成为经典的《尚书》；大臣们的言辞连同他们的政治和军事活动被记录在《左传》中。秦（前221—前206）建立了一个统一的中央集权制国家，加强了对文字的管控，并统一了律法和度量衡。历史书写是政府把控事件阐释的一种方式——即使有时候它不能控制事件本身。历史书写的传统逐渐形成于汉代（前207—220），此后，历史由史官撰写，包括大事纪年、传记和专题论述。在唐代（618—907），史官被要求：

> 不虚美，不隐恶，直书其事。凡天地日月之祥，山川封域之分，昭穆继代之序，礼乐师旅之事，诛赏废兴之政，皆本于起居注以为实录，然后立编年之体，为褒贬焉。[1]

历史的基础材料是起居注等日志和其他部门的报告。

礼部每个季度上报祥瑞，制定、颁布历法的钦天监记录并呈报天象，记录藩国朝贡和祭祀礼乐的变化；户部报告州县废置、收成好坏、自然灾害的影响和随后的赈灾工作，以及"孝义旌表"；刑部记录法令变改；地方政府的善政异迹，以及诸如"硕学异能、高人逸士、义夫节妇"等模范人物，都要报送。这些记录都供史家采用，但它们从来不是原始事实。每个人都明白，德行评判、政治权力和天地万物秩序的顺利运行都与国家治理的这些方面休戚相关，所以各级奏报的文书乃至国史，都有内在的教化功能。[2] 历史常常被喻为反映当前事件的一面镜子，它创造意义和权力，史学实践则有利于保留某些类型的资料和事实，也就是可资我们今天使用的那些。除了到20世纪才被挖掘和破译的商代甲骨文，这些历史记载也是明代文人思想体系的一部分。

撇开历史学家不谈，每个留下任何只言片语的人都在环顾周遭，做出取舍，从大小事件、当代观点和他自己的观念中创造意义。然而，相较于每一个留下与自己时代相关文字的人——无论是给慈母的墓志铭，还是商业出版的农业日用类书，或者是关于明太祖南渡长江战胜对手的描述——还有成千上万的人从未写过一个字。然而这些人也在他们自己的生活中创造了意义。无论是在用餐时与家人闲话家常，还是雄心勃勃地做出离家闯荡的选择，或者是表达他们无法逃脱的苦难，那些没有留下书面痕迹的人也通过在当时信仰和制度的框架内创造自己的故事而形塑过去。历史学家的研究材料就像拼贴艺术家的原料，历史学家裁剪文本并重新排列，试图对某个时空做出真实的描述，只是这些文本最初是由其他人出于不同的目的创造的。

14世纪中期，黑死病横扫欧亚大陆。许多家庭遭到灭顶之灾，人们转向宗教寻求答案。白莲教起义和各地反元武装的出现，撼动了自1234年以来统治中国北方，又从1279年开始统治中国南方的元朝。这场漫长而复杂的战争的最后胜利者，是白手起家的朱元璋。1328年，朱元璋出生在长江以北贫困的淮河地区的一个贫苦农民家里。1344年，他的家人几乎都死于瘟疫。他做过云游僧人，托钵化缘，后来加入了多为白莲教徒的红巾军。事实证明，他是一个军事天才，也是一个有魅力的领袖，吸引了许多谋士。1368年，他力克群雄，结束元朝统治，并登基称帝，国号大明。

朱元璋年号洪武，因此他有时被称为"洪武皇帝"，但人们通常按其庙号称其为"明太祖"。他的权威始于军事力量，但为了巩固统治，他创造了一套治理国家的制度框架和一套促使民众臣服的意识形态框架。而且，他对中国的设想远远超出了军事控制的范围。在中华人民共和国成立之前，他比任何其他中国统治者都更像一个社会工程师，计划建立一个稳定、和平的农业社会，以摆脱他成长过程中遭遇的贫困、阶级冲突和混乱。明太祖理想中的社会是由和睦村落中的小规模农田组成的：在那里，顺从的男女辛勤耕织，养活老小，并缴纳赋税，既不为市场销售而从事生产，也不离开家乡到其他地方工作。[3]

按照长期以来的先例，明太祖建立了一套覆盖首都南京到各县的官僚体系。这个官僚体系支配着帝国的资源供明太祖处置。士人被招纳并授以官职，然后又被委以具体事务，管理拥有约8000万臣民和约390万平方公里土地的帝国。赋税以钱粮布匹的形式流入都城。各种各样的文书也是如此，包括关于上述各种主题及各类内容的官方奏报，上级官员对下属的考语，对贪官污吏的弹劾，士人提出的政策建议或只是奉承皇帝以谋求官职的奏疏，地方请求赈济的请愿书，等等。各县将方物作为贡品进献给皇帝；修筑南京新城墙的工匠和所用的砖石都被集中起来；在都城之外，帝国将人们迁徙到未开垦的土地上并登记造册,为其分配不同的地方和职业,并将民众组织成不同的团体负责维持治安、教化、征税和劳役;帝国的各路神灵也被上报、分类,祭祀活动被规范化,各级政府的仪制也被定下。

政府用大量纸质档案来管理所有的这些人、物产和文本,将每个人分配到适当的位置。对帝国的物产和民众进行征集、分类、排序和展示的能力,无论是在实质上还是在文本上,都彰显并强化了朝廷的至高权威和都城的神圣中心地位。康儒博(Robert Ford Campany)将这种以都城为中心的对世界的理解称为"定位"(locative)模式的宇宙观。[4]明朝的国家,尤其是其建立者,拥有巨大的权力,官僚机构及其意识形态机制都听从皇帝的指挥。社会各阶层都受到国家的影响,并在一定程度上从国家的角度理解自己。然而同样显而易见的是,在文本和物产从地方传到朝廷再传回地方这一过程中,双方都需要采取行动来实现这些交流。男子参加科举需要亮明自己的资格;准确的报告对于管理物资和民众至关重要;布匹和砖块只有通过地方合作才能获得。即使是维持王朝统治的政府基本职能——征税和防止叛乱,也需要向社会做出妥协。尽管历史学家很难察觉,但在帝国交流中扮演重要角色的当地人和中间人,是出于复杂动机和对自身的理解行事的。

统治者居于中心,但他并非无所不能。许多关于明代的历史著作都聚焦于中央。明初的历史已经被讲述成这样一个故事：明太祖通过重塑中央政府，将权力集中在自己手中，为后来的发展奠定基础；在其庞大帝国的每一个村落建立新的社会机构；实施海禁，因此也排除了创新因素的影响；并实行重典统治，倡导以农立国，实施严格的户籍制度和辅弼刑治的"教化"措施。明太祖不仅被称为专制者，甚至被称为极权者。他对国家和社会施加意志的权力，已经成为历史的一个公理，经常被用来解释后来的现象。例如，明太祖死后246年，明朝灭亡，这被归咎于他废除了宰相之位，使士大夫失去了一个合法的首席代言人。当然，从南京的中华门这个可以容纳约3000名士兵的巨大砖石结构藏兵洞来看，明太祖的权力仍然是显而易见的。历史学家的艰巨任务是公正地评估明太祖权力的范围和性质，认识到他可能在某些领域拥有巨大的权力，而在其他领域则没有什么权力。

最迟在1500年，明太祖的社会构想就已经失败了。诚然，当时大多数中国人仍然是农民，但他们越来越擅长为市场种植作物。南方农业生产力惊人，在那里，农作物可以达到一年三到四熟，廉价的水运让贸易变得方便。根植于此，商业经济蓬勃发展，阶级分化加剧。16世纪末的中国，尤其是城市，想必会让明太祖感到震惊。各种商品和服务都可以被买卖，甚至包括不同年龄和性别的人。戏曲表演吸引了大量的围观者；即使是上层阶级生活于深闺之中的妇女，在阅读佛经和儒家经典的同时，也在阅读诗歌和狎邪小说。名妓更像是今天的电影明星，而不是妓女（当然，真正的妓女也有很多）。她们招待上层社会的男人，与体面的已婚妇女打交道，引领时尚潮流并受到城市居民的热切追随。书香门第会在收藏品上花费大量财富，例如茶壶或雕饰精美的墨条。他们的财富是通过官场、高利贷以及国内、国际生产与贸易获得的。在大陆另一边，詹姆斯一世时期的英格兰，剧作家本·琼森（Ben Jonson）笔下的一个售货员曾这样问顾客："你想买什么？各种类型的上等中国货（织物）？中国的项链、中国的手镯、中国的围巾、中国的腰带、中国的刀子、中国的盒子、中国的柜子。"[5] 强大的北安普顿伯爵睡在一张精心装饰的中国漆床上。明太祖曾经毁过这种床，以表示他对奢靡作风的憎恶。不仅是皇室，明朝的臣民也在家中收集和展示明帝国各地的物产，就像当时都铎王朝和斯图亚特王朝的英格兰臣民一样。[6]

但是，我们无须把目光投向晚明，也能看到明太祖塑造和控制社会的力量是有限的。他的自述让我们看到了一个不一样的明初时代。尽管他严厉地打击贪赃枉法行为，但官吏们经常参与小贪小腐——有历史学家称之为传统制度顽藤上的"苦瓜"，这种现象即使在明太祖的严厉统治下也能蔓延并重新扎根。[7]皇帝发现整个国家和社会都在违逆他的意志。他多次建立起乡村治理系统，但都不起作用；他一再发现负责执行命令的人违背他的旨意，因而不得不将其撤换。在其统治中期，明太祖刊布了一系列《御制大诰》，其中写道："朕竭心力，不能化聪愚之不善。奈何！且如立一法，去奸去弊，必欲保全臣民。……久之，终未见成效。呜呼！艰矣哉！"[8]

最终，明太祖不仅没能掌控中国经济这个推动近代世界早期发展的引擎，不仅在自己的时代面临着剧烈的反抗，他甚至不能单方面控制统治的制度或意识形态框架。朱元璋即皇帝位时，声称得到了"天命"——因为德行而获得上天的认可。中国皇帝与日本天皇不同，不能宣称自己是万世一系的至高神后裔。事实上，朱元璋的庙号"太祖"，恰恰表明他建立的是一个全新的王朝，而且众所周知，他出身于贫苦农民家庭。中国传统的政治观念中，统治者无论是通过战争、政变还是合法继承获得权力，都是天命所归。"天"有时被理解为不具备具体人格的宇宙运行规则，有时则被理解为有意识地干涉俗世的高高在上的神明。（"天"在英语中既对应heaven，也有sky的意思。）皇帝的职责之一是祭祀天。统治者举行恰当的仪式，保障人民的生活，与仁智的臣僚商讨国政，践行个人的美德，并认可他人的美德，上天就会确保宇宙万物的秩序顺利运行，统治王朝也就具备了合法性。但如果统治者没有尽其责任，天命就会转移，帮助下一个王者建立一个新的王朝。与欧洲的"君权神授"论不同，"天命"说制约和考察君主对权力的行使。

明太祖接受了这套天命理论。他十分虔敬，非常认真地对待自己的角色。晚年，他给自己的子孙写了家训，期望他们也能认真对待自己的角色：

> 帝王得国之初，天必授于有德者。若守成之君常存敬畏，以祖宗忧天下为心，则能永受天之眷顾。若生怠慢，祸必加焉！……忧常在心，则民安国固。盖所忧者，惟望风雨以时，田禾丰稔，使民得遂其生。[9]

接着他谈到要为受灾之地减免税粮，亦尽可能为贫苦之地优免税粮；强调通过授职任事来考验官员，根据其表现决定或用或退；告诫要以绝对的诚心执行对各个神灵的祭祀仪式，谨守礼仪规则，审慎地听取各方言论。他还提倡本杰明·富兰克林（Benjamin Franklin）也会赞同的个人美德：

> 酒要少饮，饭要依时进，午后不许太饱……无优伶进狎之失，无酣歌夜饮之欢……晚朝毕而入，清晨星存而出，除有疾外，平康之时，不敢怠惰。此

所以畏天人而国家所由兴也。[10]

天命观没能让明朝统治者践行这些作为个人或统治者的高标准美德,就像与明太祖同时代的英格兰国王爱德华三世和理查二世未能遵循耶稣基督的教诲一样。但是,既然天命观要求统治者获得百姓的顺从及士人的支持,那就意味着明朝统治的维系,仰赖于臣民认定自己是这个建立在古老大地上的新政权的一部分。尽管明太祖在一些方面开创了先例,但他的统治从未能完全摆脱传统、社会关系和文化背景。

不过这不是一种民主制度,老百姓没有权利判定皇帝是否做得很好,这个判定的权力,在于上天。确立汉代儒家思想统治地位的主要理论家董仲舒写道:"天下之人同心归之,若归父母,故天瑞应诚而至。"[11]如果君主为政举措不当,就会出现灾异,比如"妖孽"降世和出现彗星。几次失策不至于破坏统治者的道德权威,但是统治者或其官员的腐败无能会。每一次严重的叛乱或自然灾害都会带来一种可能性:统治者犯了错误,上天已经站到了他的对立面,政权即将易手。当然,统治者可能会推卸责任。1455年,太祖的玄孙景泰帝在祭告泰山时就说道:

然因咎致灾,固朕躬周避,而转殃为福,实神职当专。夫有咎无功，过将惟一，而转殃为福，功孰与钧。[12]

"天""地""人"是相互依存的，这三者都被理解为物理和精神的双重存在。人间的异变可能由天上或地上的灾异引起、反映或预示。有些人认为这种联系是有意识的："天"和"地"通过制造异象，有目的地向人类传递信息。另一些人认为，这些异象就像宇宙的正常产物和过程一样，是人类和自然界之间自然共振的结果。阳气和阴气这两种宇宙中平等而相对的力量，结合起来创造了寻常的植物、动物和人类，也产生了奇怪的现象。用许理和（Erik Zürcher）的话说就是，异象是"惊人的、不寻常的、带有深刻意义的，但……这是事物的自然秩序的一部分"。[13]

几乎所有人都认为，像彗星或地震这样的预兆，或者"妖孽"的诞生，是警告信号，表明有人正在遭受巨大的不公，官府没有保护普通百姓，统治者不听谏言，甚至统治者是彻头彻尾的昏君。改编自民间传说的元杂剧《感天动地窦娥冤》就是上天回应人间的一个耳熟能详的例子。这个故事讲述了年轻的寡妇窦娥被冤枉毒害了无赖张孛老。这个无赖和他的儿子一度胁迫窦娥和她的婆婆嫁给父子二人。窦娥为了让她的婆婆免受酷刑折磨，含冤招供。在她被砍头的那个炎热的夏天，天空下起了大雪，昭示着冤情，并在该县降以三年的大旱，以示惩戒。[14]预兆的解读没有定式，有的时候，夏天下雪也可能意味着有人正在谋划叛乱。[15]另一方面，风调雨顺、五谷丰登，以及麒麟、甘露、稻生双穗等吉兆的出现，都预示着德政下的繁荣。"天""地""人"是紧密相连的，将它们联系在一起的往往是统治者。异象都是有意义的信息，预示着天命的合法保留或即将转移。

但是帝制国家并不是构建这种意象的唯一框架，它也不是道德权威的唯一载体。儒、释、道等传统都可以巩固国家意识形态，但也解释了国家框架之外的生活。儒家思想认为家与国都是人类生活中具有宇宙法则意义的基本制度，给予二者同等的重视。儒家美德将社会的不同部分紧密联系在一起。例如，1211年，一个叫吴汝明的人受到旌表。据记载：

> 汝明积世同居，慈孝辑睦，母病割股全活，所居舍侧芝草发生，螟螣犯境，不食其家禾稼。赈救饥困，全活为多。门首异木合生，人皆称义木。[16]

佛教认可个人对救世的追求，无论是就俗家人还是寺庙或尼姑庵里的出家人而言，而且佛教褒奖为家庭和社会所做的善行。佛教教义认为，一切存在都是虚幻的。原始教义要求虔诚的信徒出家，将其生命投入禅修当中，以便认清世界的虚幻本质。这种认识将使追求觉悟者摆脱不断重生的轮回和不可避免的痛苦。但是大多数中国人认为开悟和涅槃是非常遥远的目标，大多数人会力求多造善业，以求来生能过上更好的生活。正如明末一则故事中，一个住持向一个妓女解释的那样：

前为因，后为果；作者为因，受者为果。假如种瓜得瓜，种豆得豆，种是因，得是果……所以说，要知前世因，今生受者是；要知后世因，今生作者是。[17]

就像皇帝有官员随侍左右，在起居注中为后人记录他的话一样，善恶二童子会跟在每一个人身边，记录他（她）的每一个善行和恶行，以便向阎罗王报告——至少有一部佛经是这样解释的。[18]一个人的行为和意图将影响他的"命运"，"天命"亦然。明朝人在一定程度上按照功过格理解自己的生活。[19]类似的交换法则在大众宗教中同样存在。神灵会回应人们对健康、财富和诞育子嗣的祈祷，而信奉者则以供奉和敕封来回报他们。

最后，道教追求精神上的平静和与世俗事务的情感距离，追求长生不老，追求飞升，追求炼制仙丹、得道成仙。道人——得道之人——在明朝人想象中属于超脱凡俗之人。有一个故事讲述了神仙乔装打扮下凡，与人类家庭建立关系的经过。

> 众人坐定，只见大伯子去到篱园根中，去那雪里面，用手取出一个甜瓜来。看这瓜时，真个是：
> 绿叶和根嫩，黄花向顶开。
> 香从辛里得，甜向苦中来。
> 大伯……取一把马刀儿，削了瓜皮，打开瓜顶，一阵异气喷人。……众人……道："可煞作怪！大雪中如何种得这甜瓜？"[20]

直到故事的最后，这家人才认识到老伯的力量——他能操控自己的篱园随时出现或消失。16世纪中期来到中国的一位葡萄牙传教士[21]记录道：

> 按照宗教方式，大明有两种修士，有些人不吃肉，不吃蛋，也不吃鱼，只靠米饭、草药和水果维持生活。其中许多人活得像隐士，比如我们在福州城墙附近的一座山上看到的那个人。他住在一个很小的洞穴里，里面有三尊小神像，他看上去好像是在沉思。住所周围是他的小花园，里面种了葫芦、黄瓜、西瓜、茄子等蔬菜，还有一条小溪。外面是一片又高又密的甘蔗园（也可能是竹子），离城镇上的房子大约

有火绳枪（arquebus）的射程那么远。[22]

这些隐士和神秘主义者生活在家庭和城镇之外，他们认为自己是独立于国家权威的。道教的重要学者葛洪写道，有一位道人宣称他的道高于君王的道，而且是君王无法达到的。另一个道人河上公，在汉文帝对他说"子虽有道，犹朕民也"时，即刻腾空而起。[23]这样的道士，就像大儒和高僧一样，在人们的眼中有自己的合法性，这就是为什么明太祖要为自己编造道教神异故事，作为自己权力建构的一部分。[24]火器和大炮帮助他取得了权力，但他需要合法性去维系权力。

国家框架之外存在道德权威的可能性意味着，在从看似混乱的现实中创造意义时，人们从奇怪的植物、动物中看到了自己——而不仅仅是统治者——所需要的信息。人们可以在中国的任何宗教或哲学思想框架内解释异常现象。[25]对于儒家来说，自然和宇宙可能呼应着中央政府的善政或暴政，但也可能与一个好的县官、一个强大的地方宗族或一个像前述的吴汝明那样对父母尽职尽责的孝子产生共鸣。在佛教框架内，异象标志着一个人的因果报应、菩萨的出现，甚至是弥勒佛的降生。例如，14世纪30年代，在朱元璋灾害频仍的家乡，许多人都期待弥勒降生来开创一个新的"千年福境"。对道教来说，异象则可能昭示宇宙的奥妙，与政治无关。而民间信仰则可以将奇闻异事和宏大的象征附会到像农家新妇这样的平民百姓身上。例如，罕见的麒麟象征着帝王之德，但也被认为是对求子的回应。直到20世纪，它一直作为装饰图案出现在嫁妆上。[26]明太祖父母墓前的麒麟石像，其右前腿磨损严重，正是因为当地妇女刮走石粉冲服以求子。

生活可以独立于中央政府而存在，意义也可以独立于中央政府而被创造。为了与地方有效互动并保证自身仍是天命所归，中央必须考虑到这些地方性的框架。明帝国并不仅仅是自上而下形成的，还是由地方和中央之间的交流互动，由黎民百姓的努力和贡献交织而成的。这些交流互动的内容包括粮食和其他物产，体力和脑力劳动，荣誉的标志和象征，以及表达对世界和其中个人所处位置之理解的文本。

所以，1372年的一个吉日，一份奇特的礼物来到了皇宫……

第一章 嘉瓜

1372年7月28日，寻常一天的正午，明太祖正坐在都城南京的宫殿里打算处理一些工作，却被打断了。当时早朝已经结束，他正要批阅奏折时，[1]礼部尚书陶凯领着一群大臣进来了，这让他有点诧异和烦躁。他们表情严肃，太祖以为他们又是来告诫他的某些过失、某些有违德政之举，但他们捧来了一对熟瓜。这对瓜并没有如平时端给皇帝享用的那样被切开并用细葛布盖住，它们被直接放在一个漆盘上，连在一起的瓜蒂也竖着。[2]

难怪皇帝会觉得意外！太祖说道：

初止知有瓜，不分何如。尚书奏言："瓜生同蒂。"既闻，甚奇之，试问前代所以。群臣历言："前代数帝皆有之，称曰祯祥。今陛下临御之时，瓜生同蒂，产于句容，况句容，帝之祖乡，其祯祥不言可知矣！"此群臣美言如是。[3]

在发表"美言"时，群臣借鉴了长期以来的传统，即奇花异兽、天文舆地和天气现象都可以被理解为对人世事务有某种意义。尽管大臣们说这对瓜的意义是不言自明的，但当我们读到太祖本人对此事的描述，并与其他两个见证者的描述做比较时就会发现，在如何解释这对瓜的问题上，他们是存在分歧的。几百年来，多位作者重新讲述了这个故事，并有不同的解释。我基于对这对瓜出产地和种植者家族的研究提出了另一种解释，并从这一解释揭示了明朝政权的性质。本章将介绍关于此事的三种主要叙事——一个是太祖的说法，一个是《明太祖实录》中的说法，还有一个是一位高官的说法——他还解释了为什么大臣们用一对瓜打断了皇帝正午的文书工作。

明太祖在其《嘉瓜赞》的序中记述了大臣进呈并蒂瓜一事。他的序言侧重于他自己的言与思——下一章将对此进行探讨，而对于大臣们的言辞，只做了简单的记录。例如，在太祖的描述中，陶凯只用简练的古汉语说了四个字——"瓜生同蒂"。皇帝不屑于记录在场其他大臣的名字或头衔,尽管他们是他在漫长的征服战争中的亲密同伴。另外两份由官员撰写的记录,则更全面地记述了群臣的谈话内容,与皇帝所言也有所不同。《明太祖实录》采用了在场目击者的记述,但在大约30年后,它才作为官修史书的一部分最终成形。各朝的实录都以《日历》、奏章为根据,由下一任皇帝组织史官编纂,而明太祖时期的记录出了名地不可靠,因为这些记录是学者解缙为了使太祖第四子永乐皇帝地位合法化而设计的。永乐帝朱棣在1402年夺取了侄子的皇位,成为明朝的第三位统治者。[4]就像明太祖自己的文章和关于并蒂瓜一事的第三种叙事一样,《明太祖实录》省略了部分对话,剩余的部分可能还存在伪造。尽管如此,但历史学家通常掌握的就是这种不完整的记录。如果将不同的记载相互对照阅读,就能更全面地了解当时实际发生的情况。但是,我们也可以从不同叙事中的差异来探究每位作者是如何利用并蒂瓜事件的。历史学研究的不仅是过去的事实,还包括记录这些事实的资料为何被书写和保存。

那么,为什么群臣——一群试图让一个庞大的新帝国运转起来的大忙人——认为并蒂瓜这件事很重要?据《明太祖实录》记载,礼部尚书陶凯向明太祖解释说:"同蒂之瓜,产于句容。句容,陛下祖乡,实为祯祥。盖由圣德和同,国家协庆,故双瓜连蒂之瑞独见于此,以彰陛下保民爱物之仁，非偶然者。"[5]陶凯将并蒂瓜解释为在朱元璋的仁政下，全国上下一片和谐而产生的祥瑞。和平和国家统一确实是相当大的成就，而且是他最近才取得的成就。

统一是从军事控制开始的。就在四五年前，明太祖和他的将领们从漫长的战争中取得了胜利。明帝国在政治上也是统一的。同时代的欧洲，地方权力大多是世袭的，且不受君主的严密控制，与此不同的是，明朝的地方官员由中央派驻，且任职地往往远离家乡，任期也不长。1380年之前，中书省丞相在皇帝的领导下，领辖六部（礼、户、吏、工、兵、刑）以及负责司法审查、天文、医药和马匹等事务的更小的机构。御史台负责监察整个官僚机构，甚至可以劝谏皇帝本人。还有一个由最优秀的学者组成的智囊团，即翰林院。[6]朝廷派遣官员分赴约1500个州县以执行国家政策，并在地方上挑选专人，让他们负责在村庄与县城之间居中联系。随着和平的恢复和地方的重建，经济也慢慢复苏；正如导论中所言，一个统一的国家市场最终会出现，成为世界的驱动力。在明朝中期，也就是并蒂瓜出现120年后，哥伦布起航寻找中国商品（顺便给新大陆带去了第一批瓜种），而到明朝后期，西班牙人带着大量墨西哥银币涌入中国购买商品。因此，统一是军事、政治和经济上的统一。由于整个中国文化区自1127年以来首次处于汉族人统治之下，明太祖也决心建立一个统一的社会，其手段包括实行礼俗改革和严格的户籍制度，号召民间依照古代举行乡饮酒礼，以及推广融合了儒学、佛教和民间信仰的道德规范。[7]他的王朝延续了下来，但是他的社会设计并没有。

统一是建立在军事征服之上的。但是，正如陶凯的话提醒我们的那样，明太祖只有得到民众和神明的默许，即天命，才能坐稳皇位。大臣们当然觉得有理由打断太祖早上的工作——这样一个好兆头正说明太祖实际上掌握着天命。记录征兆一直是官员们的一项基本工作。各个朝代的历史都是从记载当朝大事的本纪开始的，包括吉凶之兆在内，用一位历史学家的话说，这些征兆可以被理解为"神灵对朝廷施政的'评判'"。[8]事实上，正确理解这些征兆对于王朝的存续非常重要。此外，此前的皇帝们通常乐于接受和宣传双穗禾、刻有文字的龟甲片和祥云等吉兆。但是——瓜？太祖持怀疑态度，故而询问历朝历代是如何理解并蒂瓜的。

皇帝要求大臣们做出说明是很合理的。虽然大臣们说这一征兆很容易理解，但解释反常现象实际上是一件棘手的事情。"天"这种神祇或力量，与给予摩西和穆罕默德明确指示以干预人间事务的上帝和真主是非常不同的。"天"不会说话。古代的圣贤已经发现了它的模式，按照这些模式治理国家,并将它们记录在经典中,包括《诗经》《春秋》《尚书》《礼记》(描述了各个时令和场景下的仪式)和《易经》(用以占卜行事的有利时机)。但在如何理解"天"所建立的道德秩序方面,经典之间的分歧很大。

此外,在任何具体的情况下洞察天意都是很困难的,而皇帝有德的一个标志就是他愿意接受士大夫给他的解释和指导。士大夫在政府中获得一席之地,正是因为他们对历史、文学和儒家思想经典有深刻而广博的了解,这些知识将他们塑造成有德行、有思想的人。作为官僚,他们执行帝国法律,但作为学者,他们指导皇帝践行上天的旨意。这意味着他们偶尔要运用自己的学识并结合当时的情况,将异象解读为某种征兆。陶凯的解释就是一个典型:他提醒太祖天命所归,并奉承太祖,说太祖已经真正获得了天命。我们还将看到,当时官员对并蒂瓜的另外两种解释更为复杂。

当时关于并蒂瓜一事的第三种叙事来自宋濂,他长期在太祖身边担任高级幕僚,目睹了群臣进呈并蒂瓜。以宋濂为代表的一派儒家学者认为,朱元璋有潜力成为结束元末暴力和社会混乱的绝对统治者。在宋濂看来,有效的政府应完善到合乎天道,这样就不会滋生任何叛乱和犯罪,而且统治者的思想实际上应该与自然法则相一致。按照窦德士(John W. Dardess)的解释,宋濂眼中的统治者是这

样的:

> 其明则日照月临也,其喜则祥飙卿云也,其怒则迅雷惊霆也,其生则甘雨零露也,其杀则毒霜虐霰也。[9]

1358年,朱元璋经过金华这个当时的儒学中心,宋濂自此在朱元璋麾下担任幕僚,负责起草文书。

在宋濂的描述中,进呈并蒂瓜的主角不是陶凯,而是另一位大臣——中书右丞相汪广洋。他是一位正直、严肃的学者,自1355年开始一直跟随朱元璋。汪广洋利用皇帝询问嘉瓜历史的机会,展示了自己的博学。他几乎是逐字逐句地引用了关于汉代历史的一段话,这段历史记载提及许多与植物相关的征兆,如一茎多穗、异根同穗、树木连理、八瓜同蒂等。[10]然后,汪广洋简要地提到了唐代政治家、文学家韩愈的一封奏疏,这封奏疏向唐朝皇帝解释了统治者与植物征兆的关系。韩愈写道:

> "王者德至于地,则嘉禾生。"伏惟皇帝陛下,道合天地,恩沾动植;迩无不协,远无不宾;神人以和,风雨咸若。前件嘉禾等,或两根并植,一穗连房,或延蔓敷荣,异实共蒂。既叶和同之庆,又标丰稔之祥。[11]

通过援引韩愈的奏疏,汪广洋断言,嘉瓜是一种标准的祥瑞,让新君与辉煌的唐朝产生了联系。汪氏继续说:"祯祥之应,有自来矣。陛下励精图治,超汉轶唐,故天锡之珍符,太平有象,实见于兹。"[12]如汪氏所言,历史上的先例,不仅验证了祥瑞的真实性,而且成为这位明朝奠基人成就伟业的序幕。

宋濂继续写道,其他大臣也加入了汪氏对皇帝的赞美。他们还提到了此前上天对太祖本人的回应。在散文式叙述谈话内容之后,宋濂颂道:

群臣曰都,载拜稽首。神休滋彰,天子万寿。
粤从启运,灵贶叠甄。两岐秀麦,合柎孕莲。
矧此贞符,近在辇毂。王化自迩,远无不服。[13]

和韩愈的奏疏、汪广洋的话一样,宋濂的颂也是一种明显的奉承,这种奉承通常是君臣关系的一部分。但这些说辞也是一份未完成的宣传语,是统治者可以用来加强其统治合法性的告示草案。[14]宋濂解释说,从古代圣贤周公开始,统治者就有纪念和宣传吉兆的传统。宋濂请求太祖下令让史官"备实录"——吉兆如果不公开,就没有用处!

太祖非常了解宣传的价值,尽管他把大臣们的话斥为"美言"。他自己就传布了一些"神迹",暗示他生来就注定要成就伟业，他的著述也经常提到获得上天认可的迹象。但正如历史学家陈学霖解释的那样，正由于太祖坚持要"完全垄断这种宣传"，他有时会拒绝已被假定的吉兆，甚至惩罚那些进呈吉兆的人。[15]1372年8月，在并蒂瓜一事发生后不久，太祖表示他担心官员们会编造并上报吉兆而隐瞒恶兆来欺骗、操纵他，就像他们对以往的统治者所做的那样。不同于以往的一些皇帝积极鼓励呈报吉兆，太祖命令汪广洋只允许呈报恶兆，即灾难的前兆。6个月后，汪广洋被罢免了。[16]他在并蒂瓜一事上的奉承之举显然适得其反。汪广洋的政治厄运可能也解释了为什么《明太祖实录》中陶凯是进呈的主要角色，而宋濂的一手记录则突出汪氏的分析。可能是为了颂扬太祖和他的儿子永乐皇帝，《明太祖实录》的编纂者解缙略过了明朝初年的虐政。而一个显而易见的事实是，太祖最终处决了1372年进呈并蒂瓜的几乎所有大臣，而这些人都曾与他共事多年。

例如，陈宁原是元朝小吏，曾建议太祖在征战中也要关心民生。1372年，陈宁任御史大夫，负责监察。1380年，太祖认为丞相胡惟庸图谋不轨，陈宁则被冠以与胡惟庸合谋的罪名而被处死刑。赵庸自1361年起在太祖手下领兵，被封为侯，1390年，因受胡惟庸案牵连而被处决。丞相、忠勤伯汪广洋在1380年被迫自杀。宋濂在辅佐太祖20多年以后，也于1381年死在了流放途中。[17]1372年参与进呈并蒂瓜的人中,只有陶凯和沐英(太祖的养子,战功赫赫)在太祖对开国功臣的大肆诛杀中幸存下来。解缙很清楚这段不愉快的历史。作为一个年轻气盛的臣子,他曾亲自劝谏过太祖:"尝闻陛下震怒,锄根剪蔓,诛其奸逆矣……或朝赏而暮戮,或忽罪而忽赦。"[18]20年后,解缙把进呈嘉瓜时发言的角色安到了陶凯的身上,可能是为了避免在写到象征先皇仁慈统治的征兆时提起这批不幸臣僚的名字。

没有什么确切的证据能证明这些人中有谁真的密谋造反,而且无论如何,任何密谋都不能成为太祖处决数万名所谓同谋者的理由。他把这些人揪出来,或牵连进去,这个过程后来被称为"瓜蔓抄"。[19]但是,如果仔细看看1372年进呈并蒂瓜时大臣们说了些什么,以及当时发生了什么,那么大臣们事实上似乎很有可能如太祖所怀疑的那样,是在试图操纵他。让我们回看献瓜之初那一系列相当奇怪的话,据《明太祖实录》记载,陶凯说:

> 陛下临御,同蒂之瓜产于句容。句容,陛下祖乡,实为祯祥。[20]

而太祖的文章提到陶凯的这句话时则少了几分庄重:

> 今陛下临御之时，瓜生同蒂，产于句容。况句容，帝之祖乡。其祯祥不言可知矣。

为什么强调句容县？明太祖是皇帝，明朝境内任何地方的吉兆都适用于他，而且，非要着重一个人的祖籍似乎很奇怪。宋濂在《嘉瓜颂》中则省略了这一点，说明它显然是多余的。这意味着什么呢？

句容县离明初的都城南京很近，太祖的祖先就生活在句容。[21]但太祖本人出生在长江以北的凤阳，他认为那才是他的家乡。[22]按照汉朝的先例，他长期免除凤阳百姓的赋税和劳役。在并蒂瓜事件发生时，他正在那里营建豪华的中都城。有些官员不赞成选择这个地方作为新都，因为这里落后、贫穷，而且偏远。到1372年的时候，建造中都已经耗费了大量人力物力。[23]1375年，皇帝的资深幕僚刘基写道，尽管凤阳是皇帝的故乡，但它不适合作为统治中心。因此，太祖最终同意仍以南京为都。这是后来一位葡萄牙旅行者所说的"非常肥沃、充满活力而又美丽的国家"里的一座古都，就在长江边上。[24]（1420年，永乐皇帝迁都北京，以南京作为留都。）我认为在1372年强调并蒂瓜产于句容，是专门为了推动太祖调整政策，说服他放弃中都计划，选择南京作为永久的都城。根据历史先例，以开国皇帝的家乡为首都完全没有必要，大臣们看到太祖一心想要迁都凤阳，于是可能提议把句容视为太祖的另一个故乡，这样邻近句容的南京就是名正言顺的首都之选。他们在当时的议事中，试图利用并蒂瓜之兆来改变太祖的想法。

宋濂可能更进一步介入了第二次关于此事的商议。因为宋濂的序和颂不仅记述了别人的言辞，还表达了他个人对并蒂瓜之寓意的深思熟虑。宋濂的颂写道：

句容之墟，物无疵疠。神瓜挺出，殊实同蒂。
瓜孰非单，比合而生。二气毓质，双星降精。
蜜房均甘，冰圭竞爽。明月重轮，仿佛堪象。

宋濂确实是从句容的田地开始写的，但行文到后来，地方性消失了，而问题的另一部分——"神瓜"，成了这篇华丽长文的焦点。宋濂认为，它们指向的是整个新建立的、仍在扩张的帝国的状况。他的文章开头写道："皇明式于九围，德渐仁被，和气薰蒸，灵物效祥。"然后，根据对《诗经》中《大雅·绵》的正统解释（见第6章），宋濂称瓜类植物代表了人民的繁衍扩散。但他很快就转到了一个更具体的解释，瓜成了帝国、征服的象征：

畴若兹瓜，协瑞联祥。
亦有华平，张翠作盖。

也就是说，预示着明帝国一统天下。宋濂的颂问道："其兆伊何？"他接着回答：

萝图绵柔。西域既柔，德冒八埏。[25]

瓜作为明王朝实现山河一统的隐喻，可能对宋濂特别有吸引力。每一个新的王朝都有责任为前一个王朝编写历史，1370年，在向明太祖进呈《元史》时，宋濂和其他纂修者（包括陶凯）称元末的中国被群雄"瓜分"。[26]而今，它再次统一了。

然而，宋濂的解释甚至比这更具体。他提到了瓜的原产地——西北地区，那里的"沙漠灵境"吐鲁番，通过坎儿井用远处山峰上的融雪进行灌溉，因其甜瓜而闻名（直到今天仍然如此）。

况瓜之所出，本于回纥，中国讨而获之，故名为西。方今皇上命大将军统师西征，甘肃西凉诸郡俱下，而瓜沙已入职方。行见西域三十六国，同心来朝，骈肩入贡。天显叶瑞，其又不在于兹乎？[27]

就是说，这些瓜与明朝在西北地区的战事有着特殊关系。两年前，河西走廊被攻占，1372年夏天，明军一直打到嘉峪关和敦煌。然而，同年夏天，蒙古人在西部的胜利导致太祖在1373年初放弃了远征漠北的目标。[28]从这个直接背景来看宋濂的颂，可能他不仅是在庆祝明军在河西走廊的胜利，还主张继续远征漠北。

大臣们进献和讨论嘉瓜的两个目标似乎都集中于皇帝，但它们涉及帝国的两个不同的空间。陶凯和汪广洋将帝国锚定于朝廷，试图将太祖置于一个适当的中心，一个不用耗费资源去维护的首都，一座历经数朝的古都。对他们来说，句容是一个非常重要的地方，这里离都城南京足够近，以至于南京完全可以替代它。他们以这里是皇帝的祖籍为由向皇帝发出呼吁。宋濂的解释则着眼于朝廷的对外影响力。他回答了另一种解释没有谈到的问题——为什么是嘉瓜？他利用瓜的历史强调了中原地区与刚刚被重新纳入帝国版图的遥远西部地区之间的联系，重点是太祖作为征服者和天下统治者的身份，而非他句容人的出身。

太祖确实太过多疑。正如范德（Edward Farmer）所指出的，正是他的警惕和机敏，使他"在长期的你死我亡的竞争中消灭了所有对手，成为唯一的幸存者"。[29]他晚年嘱咐子孙说："若恃安忘备，则奸人得计，身国不可保矣。其日夜警备常如对阵。"[30]然而，把太祖对被臣僚以征兆左右的担忧归咎于他的多疑是不公平的。张磊夫（Rafe de Crespigny）敏锐地指出，在宫廷政治的悠久传统中，凶兆和吉兆"既被皇帝及其臣僚们用作间接辩论的一种方式,也是在更广泛的公众舆论中为他们各自的立场造势的一种手段"。[31]大臣们向太祖展示嘉瓜,他们的文字则向读者展示皇帝如何从他们手中、在他们的赞贺中接受嘉瓜。一方面,这种进献方式奉承了皇帝,有助于昭示王朝的正统性。但另一方面,这也让大臣们可以利用嘉瓜——降予天子的天意——来影响太祖的决策,而不必公开提出异议。

除了试图解决眼前的政策问题,士大夫们还宣称自己具有解释权——他们有能力在上天和皇帝之间居中沟通。[32]而太祖坚决不接受他们自认为的这个角色。他告诉子孙,他们应该把器物错置或马匹染病等异象视为灾祸将临之兆;并嘱咐子孙,不要依赖术士。

> 必在己精审……或烈风、迅雷逆前而来,或飞鸟、走兽异态而至,此神之报也……天象人不能为,余皆人可致之物,恐奸者乘此伪为,以无为有,以有为无……[33]

太祖没有将并蒂瓜完全搁置在旁,而是仔细思考其含义。针对大臣们的说法,他用一系列自相矛盾的论点捍卫了自己的解释权。让我们来听听他的说法。

第二章 帝言

> 果蔬失地则不荣,
> 鱼龙失水则不神。
>
> —— 苏轼

明太祖在其《嘉瓜赞》的序中透露,他第一次看到这对瓜的时候感到既惊讶又不解,甚至对工作被打断感到有点生气。相比之下,宋濂则描绘了一个高兴的君主:他先是谦虚地拒绝,而后恭敬地接受了这个吉兆。在宋濂眼里,"天颜怡愉";在问及历史上的先例之前,太祖"重瞳屡回";而在听完汪广洋对先例的讲述后,他"谦让弗居"。宋濂还透露,皇帝在某种程度上接受了嘉瓜是一件灵物的说法——它充满灵气且带有祥瑞之意。

> 帝曰吁哉,朕犹慊然。
> 瑞当在人,物胡得专。

> 使物为祥，宜献清庙。
> 自我先人，积庆所召。
> 孰瑞不矜，帝则弗居。
> 唯亲是思，我民之图。
> 以实应天，斯乃盛德。

关于"献清庙"，宋濂的序中解释说：

> 上谦让弗居。俄以灵贶之臻，复不可不承，乃诏内臣置诸乾清宫。翌日甲辰，荐诸太庙。[1]

宋濂的书写，对太祖的反应有所选择，他让太祖看起来是一个严肃认真的统治者，在上天面前表现出恰如其分的谦逊，并尤其注重美德和政务。皇帝谦虚地接受了臣民进献的荣耀，把这份精选的供品献给宗庙，并表示如果是因为美德，那也是祖先的美德带来了这一祥瑞。宋濂的这篇文章必须保留太祖的一些实际言论，因为这是为他写的。不过，他的言论尽可能得到了最好的展现。宋濂的颂没有交代太祖的许多复杂论点——这些我们将在下文看到，只述及太祖的一个观点——百姓的诚实和勤劳才是真正的好兆头。宋濂长期在太祖身边辅政，也许在这篇文章中，他试图让他的君主懂得应该如何举止得体，如何表达得宜，如何看待这个兆头。

但是,太祖的反应要比与皇帝身份"相配"的谦逊丰富得多。首先,统治者没有必要表现出拒绝吉兆的态度。例如,汉武帝就非常喜欢吉兆,他接受过对一个吉兆的两种相互矛盾的解读,并慷慨地奖励了两位提出不同解读的人。[2] 在王朝建立初期,当新的皇室"还需要确立最终的合法性"时,吉兆总是非常受欢迎。[3] 太祖的不情不愿开创了一个新的先例,直到16世纪,他的继任者们仍一直遵循这个做法。其次,抛开所有关于实现完美的圣人之治的空谈,明朝政府在1372年实际上面临着一系列严重的问题:边境战争、各地的叛乱、海盗和海上入侵,以及散布于帝国各地的饥荒、洪水、干旱、瘟疫和蝗灾。太祖和他的政府已经成功地解决了其中的许多问题。海外的朝贡使团不断前来,彰显了新皇帝的德行以及中国商品和市场的吸引力。诚然,重建和统一事业在进行中,但太祖仍担心他的皇位并不绝对稳固,认为自己不应自满,否则将招致祸患。与宋濂一厢情愿的描写相反,皇帝并不只是出于谦虚,才否认嘉瓜是自身美德带来的吉兆。实际上,正如陈学霖的观察,太祖是在宣示自己有决定何种现象为祥瑞并解释它们的特权。在诸多看似矛盾的记载中,太祖一直主张自己拥有这种特权,这在三种主要的叙事中都有不同的体现。[4]

在从最初的讶异中恢复过来，并听臣子解释嘉瓜产于句容之后，太祖马上引用了古代的礼仪经典——《礼记》。他可能没有当着臣子的面这样做，宋濂没有提到这一点。但是在写《嘉瓜赞》时，他有时间去查阅经典从而使文本很好地服务于他的目的。"天气下降，地气上升。"一听到或读到这句话，每位士人都会立即知道《礼记》中紧接在后面的话："天地和同，草木萌动。"[5]

太祖引经据典来点缀他的想法是很重要的，因为文化水平可以证明地位和权力的正当性。中国的社会和政治精英都受过高层次的教育。从宋代开始，他们很少通过世袭获取官职，而是必须通过严格的科举考试，其内容包括经典、儒家著作、历史、诗歌和策论。太祖统治初期，他恢复了科举考试，但自1373年，即呈献嘉瓜的第二年起，他将科举暂停了十年，因为他不信任考试选拔出来的文人士子。然而，到了1470年，科举考试基本上成了进入官场的唯一途径，也是社会和文化生活的一个非常重要的部分。[6]士绅精英阶层具有家学传统，又拥有土地或商业资本，保证了年轻人有时间学习，自然在考试中表现最好。但是，学习用的印刷本书籍很容易买到，努力学习的平民可以通过三级考试考取官职，跻身士绅阶层，享受免税等与新身份有关的特权。反之，世家大族的男子如果不愿意花时间钻研典籍，那么就会失去精英地位和进入官场的机会（女子被排除在科举考试之外，但也有机会接受教育）。因此，读书本身就是一种身份标志。太祖是个贫穷的孤儿，成年后才学会读书写字，虽然他整天批阅奏章，下发诏书、训令，写文章甚至诗歌，但他对自己的学识仍不放心，想通过引经据典来证明自己掌握经典的水平。

他继续用自己的话说道："嘉禾并莲，合欢连理，麦调二岐，数物曾闻有之。同蒂之产，未闻罕见，故甚奇之。"太祖承认，过去也有过与植物相关的征兆，但并没有并蒂瓜。他的说法与汪广洋关于汉代并蒂瓜和韩愈奏章的陈述相矛盾，但由于太祖和宋濂是在两个不同的文本中描述了对话的双方，所以我们无法断定是谁先开的口。是汪广洋在纠正他的君主，还是太祖在否定这位博学之臣的论据？

像在许多诏书中所做的那样，太祖随后提到了自己的生活经历：

> 且出身农家，亲耕畎亩，岁睹五谷生成，不闻同蒂。居群雄中一十年，为王为帝纪已十载，尚未知此瑞，因不识诗书，欠博观乎古今，以致如是。[7]

我们应该如何解释这最后一句话呢？是谦虚吗？这听起来像是粗暴的讽刺。太祖在其他地方轻蔑地写道："名士者，坐视市村，自矜其能，听世俗之诶誉，徒知纸上之文，诸事何曾亲历？……高谈阔论，以为能于事，无益。"[8]他在《嘉瓜赞》中自嘲孤陋寡闻，实则凸显了他对士人的不信任。太祖更看重自己作为农民、士兵和统治者时积累的实践经验。他似乎在问："知识在哪里？在书本里还是在生活的磨炼中？"

在这段话中，太祖似乎否定了并蒂瓜的存在。但在文章的后面，他不再质疑民间传说中出现的一些水果，比如交梨和火枣——确保长生不老的神果，以及蟠桃——生长在西王母的果园里，每三千年才开一次花。太祖称这些水果是"有所闻而不可见"的。[9]但是这对并蒂瓜就在那里，就在他眼前，为什么他不愿意接受它们呢？

宋濂把太祖的不情愿解释为谦虚，这也确实是太祖在他自己的叙述中摆出的又一个姿态：

> 当献瓜之时，群臣以德归于朕。既听斯言，惶愧暗惭，不敢以德应瑞，但祈年丰民乐耳。

但这真的只是谦虚吗？太祖继续说："朕本薄德，纵使有德，上帝必不报一祯祥以骄我。若有微过，必垂恶象以昭示之，使我克谨其身，使民不至于祸殃。"[10]在这里，就像在他的许多其他文字中一样，太祖假定他与高高在上的"上帝"保持着沟通。[11]1367年底,他曾祭祀这位"上帝",祈求良辰吉日以备登基。[12]太祖认为,现在他是天子,德行非常关键,因此即便他犯了小错,"上帝"也会发出警告,却不会夸赞他的嘉行,以免使他骄纵自满。这并不是一种谦虚的立场;相反,这反映了他对自己中心地位的认识。几年后,太祖举行大典以昭示自己的中心地位,将原本分祭天地的祭品合并到一起献给天和地。这种天地合祀的仪式被一位历史学家描述为"整个宇宙的缩影,在这个宇宙中,所有自然力量和各路神灵都以天地为首……每年在这个仪式上齐聚",它强调了皇帝居中沟通天地万物的关键地位。[13]

"上帝"可能责备他,但绝不会赞美他——太祖的说法似乎排除了一切吉兆出现的可能性。这是对传统政治理论的彻底修正。这段话在《明太祖实录》中有很大的不同:

> 上曰:草木之瑞,如嘉禾并莲、合欢连理、两岐之麦、同蒂之瓜皆是也。卿等以此归德于朕,朕否德不敢当之。纵使朕有德,天必不以一物之祯祥示之。苟有微过必垂象以谴告,使我克谨其身,保民不至于祸殃。[14]

除了将神的名字从"上帝"改为不那么拟人化的"天",《明

《太祖实录》的编纂者解缙还把太祖所说的"朕本薄德"改成了一句表示谦虚的套话——"不敢当"。这适用于谈话，但不符合太祖对自己想法的表露。皇帝应该谦虚，但不必把自己贬低得太过。[15]解氏去掉了"恶"这个字，进一步淡化了太祖关于上天会警示皇帝过失的说法。解氏的叙述甚至在某个方面完全颠覆了太祖的论点；前文引述的植物祥瑞也被部分提及，只是在措辞上略有不同，以至于看起来皇帝也认可这对瓜是一种公认的吉兆。解氏的修改弱化了皇帝与大臣之间的分歧，大臣们认为这对特殊的瓜是上天给皇帝的信息。分歧被缩小到最后一点。

这最后一点是最有趣的一个论点，《明太祖实录》中有精练的记录。太祖说："且草木之祥，生于其土，亦惟其土之人应之，于朕何预？若尽天地间时和岁丰，乃王者之祯，故王祯不在于微物。"[16]换句话说，小小的一对瓜，怎么能表尽庞大帝国的气数？艾伯华（Wolfram Eberhard）在讨论不祥之兆时假设，如果特定的人的行为或品质可以反映在自然界的异常现象中，那么"在中国这样的等级社会中，预兆的大小应该与引起它的人的地位有关"。[17]

太祖在自己的文章里用他一贯的滔滔不绝的风格，更全面地阐述了这一论点。他写道——可能当初当着臣子的面也是这样说的：

> 古今五谷之嘉，草木之祥，根培沃壤，不过数尺丈余之地产生，所有祥庆，必归主临之者，于朕无干……凡数尺数丈数亩地内，五谷草木祯祥，惟庆于主临之者。若尽天地间，时和岁丰，或乃王者之祯有之，王祯不在乎微末之中。[18]

本章开头引用的颂词中，宋濂对皇帝的这一论点做了错误的转述："瑞当在人，物胡得专。"宋濂省略了"微末"这个词，消解了太祖的语意中对瓜是否确为吉兆的怀疑。宋濂塑造的皇帝形象，理所应当地重视人而不是物。太祖的观点则截然不同：给帝王的征兆只会是一些宏大的现象。他声称君主具有独特的权威：皇帝与"上帝"（或"天"）的特殊关系意味着，皇帝的德行或恶行会极不寻常地影响到天下的太平与繁荣，这样的影响必定十分宏大，不会通过瓜果这样微不足道的小事来呈现。

不过，尽管太祖拒绝将地方上的征兆当作给自己或关于自己的信息，但他同意植物征兆确实意味着什么。他认可一种非常地方性的道德权威：即使是对农民，上天也会用植物祥瑞来赞扬其美德。从太祖的角度来看，皇权源于上天的道德认可，这与一个农民的道德价值在范围上是不同的，但在性质上没有什么不同。太祖在献给天地的赞辞中延续了农民美德的主题：

上苍鉴临，地祇符同。

知我良民，朝夕劝农。

植物征兆回应的是什么？这里给出的答案是农民的辛勤劳作。陶凯的话、汪广洋引用韩愈的话以及宋濂的颂都表示，他们坚信嘉瓜的出现标志着这位明朝开国之君的美德正遍及全国，带来了祥瑞之气，孕育了吉祥之物。相比之下，太祖的论述并没有突显他个人的角色。也许他平定天下让农民有了安稳耕种的可能，但太祖并没有这样说。他的赞辞继续提到了他在序中援引的《礼记》：

天气下降，地气上升。

黄泉沃壤，相合成形。

同蒂双产，出自句容。

民不自食，炙背来庭。

这对瓜的出现与其说是吉兆，不如说是农民的不辞辛劳，农民们一认定是祥物后，就将之带到宫廷，与君主分享这个吉兆，并认为这个吉兆只可能是皇帝的大德所赐。太祖这样描述这对嘉瓜：

青云颜采，有若翠琼。

> 剖而饮浆，过楚食萍。

这听起来好像是太祖毫不客气地吃了这对瓜。但根据宋濂的文章，皇帝首先把它们进献至太庙。太祖可能省略了这一点，因为如果他承认已经把嘉瓜提升到供品的地位，就会与他文章中怀疑的基调背道而驰。尽管如此，他还是通过描述嘉瓜的可口和美丽，以及暗指先秦时期发生在南京附近的一件奇事，来减弱他的负面态度。他提到，楚昭王看到江中植物长出了又大又红的果实，孔子解释说这些萍实是吉祥之物。任何读者都会立即想到这一事件，并明白太祖是在赞美嘉瓜，认为它们就像这些传说中的奇果。尽管太祖持相反的论点，但他还是认可了这对瓜对他具有重要意义——重要到让他供奉给祖先，写下赞美，留下记载。

理性主义的儒家学者有时认为，征兆并不是来自上天的神秘信息，而是应该作为"社情民意和公共道德的有用指标"来研究。[19]太祖认可这种解释。下文中他回到了主题，即臣民的勤奋和忠诚才是真正的好兆头。他的赞辞以对瓜农的祝贺和祝福作为结尾。

> 民心孝顺，朕何有能？
> 拙述数句，表民来诚。

愿尔世世，家和户宁。

有志子孙，封侯列公。

虽千万世，休忘劝农。[20]

太祖最后对瓜农阖家兴旺的美好祝愿，让我们联想到宋濂把《诗经》描写的瓜果茁壮生长与王朝的昌盛联系起来。帝国和统治者权威所及，不仅取决于皇室的繁衍生息，还取决于那些勤勉贤德之家族的世代绵延。"民"在这里似乎更像是一个象征，而不是具体的人。太祖对公侯的提及也是象征性的：家庭人丁兴旺，但子孙仍会坚持务农。太祖借赞辞强调了他的社会愿景，即每个人都应该承袭父辈的职业，而不要想着往上爬。太祖还给了这位瓜农一小笔钱——1200个铜钱。[21]这并不多，但皇帝的赞辞肯定足以让这位农民在家乡声誉卓著。读过这三种叙事中的任何一种，读者可能都会认为这位瓜农以后生活得很幸福。但我们将看到他并不那么幸运。

这三种主要的叙事对这一事件的描述各不相同。太祖把大臣们描述成一群容易轻信和谄媚的人，他与他们保持着距离，以维护自己的思想独立。他允许自己想法中的复杂性或矛盾性清晰地显现出来，同时缩短并删改官员们的言辞，从而否定他们，对那些因几个瓜果而晕头转向的人表示不屑一顾。他既接受又拒绝把并蒂瓜作为一种吉兆，并就此提出了一些论据,这些论据在内容上远远超出了宋濂解释太祖令人费解的反应时所说的谦虚态度。太祖对汪广洋举出的嘉瓜的先例提出异议。他认为,上帝有可能警告他的过失,但不会通过瓜果这样微不足道的东西来表彰他。

太祖进一步假定,每个农民都有一个与其身份地位相匹配的影响范围,也就是说,田地里或园子里出现佳产,可能表明天地对其德行做出了回应。太祖的地方治理政策经历了不同阶段。在早期,也就是嘉瓜事件发生的时候,明朝官僚机构刚刚确立对国家的控制,太祖允许既有的社会权威在小范围内保持不变。他尊重地方神祇和耆老,以冀在既有的社会关系中建立王朝的权威。[22] 在这个阶段,农民的美德可以在自己的土地上带来吉兆的想法对太祖来说是有意义的,这显然比承认士大夫拥有判断和解释这些祥瑞的知识和道德权威更能让他接受。尽管太祖表面上拒绝了嘉瓜祥瑞,但他确实把它作为宣传手段——彰显自己对朝臣的权威,昭示他对农民的关心,强调他与天的特殊关系,这些都是他统治的核心主题。

在序和赞中,明太祖缩减了大臣们的言辞,给自己的想法留出了空间。后来《明太祖实录》中的记载基于现已佚失的当时的第三份对话记录,其中简化了太祖冗长的抱怨,让大臣们得以更充分地陈述他们的观点。记载中出现了两个有身份的角色：一个是认真的皇帝，一个是博学的大臣。皇帝在许多方面同意大臣的观点，但他有一个合理的，甚至是值得称赞的论点，即反对把瓜果视为上天昭示君主的重要征兆——它根本不够分量。这两个角色的塑造符合编纂者解缙的意图。解缙年轻时曾严厉批评过这位明朝奠基人的一些政策，包括用斩草除根的方式来惩罚罪人，甚至还对他习惯于编造关于自己的神异故事提出了劝诫。[23]后来出于某些原因，太祖虽然不高兴，但也只是将解氏逐出朝廷，而解氏活了下来，在其他地方为太祖塑造了一个让人敬爱的形象：

钦惟大明太祖圣神文武钦明启运俊德成功统天大孝高皇帝，应千年之景运，集群圣之大成。天命眷顾之隆起，徒步不阶于尺土。人心向服之诚，未三年已定于京都。龙飞云从，而华夏蛮貊罔不率俾；日照月临，而山川鬼神莫不攸宁。[24]

这种夸张的语言是为了吹捧明太祖和后来的君主永乐帝，后者在一场血腥的内战中从其侄子手中篡夺了皇位。永乐帝为自己的暴力夺权进行辩护，说他是在保护其父的制度遗产。永乐帝喜欢利用征兆使自己的政权合法化，他父亲的嘉瓜也给他带来荣耀。[25]另一方面，解缙也把大臣们描绘成朝中值得尊重的合作伙伴,也许是为了引导永乐帝尊重像自己这样的官员。[26]但在这一点上,他最终失败了:他激怒了永乐帝,死于狱中。[27]

宋濂在臣民进献嘉瓜后紧接着就写下了此事的第三种叙事,这是呈给明太祖本人的。这份文本的私密性质体现在多个细节中,其中之一就是在提及当时在场者的一长串名字时,都没有带上姓氏。不过,宋濂的文本也向受过教育的公众和后世宣传了明朝的伟业。他将太祖拐弯抹角的复杂论点简化为因谦虚而不情愿。他省去了太祖对自己农民出身的矛盾的骄傲和对自己所受教育的不安;省去了太祖对哪怕是犯一点错误,上苍也会降下天意的确信;省去了太祖对君主之美德不会出现在瓜果这样微末之物上的论断;也省去了太祖关于农民的美德会在他们自己的土地上孕育出某种祥瑞的想法;他还省去了太祖自己的文本中对士大夫显而易见的深深怀疑。宋濂所做的是,热情地祝贺他的门生亦即皇帝的成功——正如嘉瓜所显示的那样,同时奉承他,指导他在这样的迹象前摆出皇帝的正确姿态,并向其他读者暗示,太祖已经掌握了这种姿态。

前言中讨论过,所有的大臣都采取了康儒博所谓的"定位法"(locative approach),他们断言,并蒂瓜所预示的,与明朝的政治中心及其对外影响力有关。然而,正如太祖在自己的文章中对君主向外投射美德的能力表现出悲观态度一样，他对并蒂瓜的反应也表明他的世界观更接近于一种"反定位"（anti-locative）的宇宙观，即摒弃严格的中心等级制度，模糊内部和外部的区别。[28]在太祖关于并蒂瓜的文章中，他确实认为他对宇宙的运转至关重要，但他并不只是受命于天的天子。他叙述了自己的个人故事，并将自己定义为一个经世之人，像瓜农一样劳动过，也战斗过、学习过。他似乎没有大臣们那么在意从与帝国位置之关系的角度展示每一件物产。他列举具有特殊寓意的果蔬时，都是随机排列的，没有以某种等级评价体系来排序。无论是他自己的还是当地农民的个人美德，都可能独立地引起回应的迹象。太祖最后确实将瓜农引入帝国秩序之中，他肯定了瓜农进献嘉瓜的忠顺，并将嘉瓜奉献给自己的祖先。但在这一过程中，他认为农户本身就是美德的中心，是可以独立于朝廷而产生自己意义的中心。这一论点使历史学家不得不考虑这样一个事实：在瓜被进献到御前之前，它们必须先抵达宫廷。那这一过程是怎么发生的呢？

第三章 句容

明朝在行政上分为13个省，9个控制相对松散的都司，以及2个与省一样大的京。这一级之下的行政单位是有着悠久历史的府，再之下是州和县。南直隶的面积约有英国或美国明尼苏达州那么大，人口约1000万。应天府包括首都南京和句容等县。句容县包括县治及426个村，在明初约有20.6万人[1]，大约是当时伦敦人口的5倍。句容县由知县管理，其下佐贰官协助他收税、解决诉讼、破案和维持治安。知县和府官负责在朝廷和地方之间上传下达。

根据宋濂所述，1372年献瓜的前一天，应天府尹张遇林把瓜放在一个普通的匣子里，在匣子外画了一张图样，请礼部把瓜进呈给皇帝。我们不知道这位府尹是如何阐释这对瓜的，或者他是否阐释过，我们只能猜测他向太祖献瓜的动机。[2]也许他是代表应天府感谢皇帝在当年四月应官员要求为该地免税[3]，也许他是为了升官。但不管怎么说，应天府衙就在首都，而不在邻近的句容县。张遇林是如何得到这对瓜的？太祖的赞辞里说："民……炙背来庭。"除非这只是诗意的虚构，否则这个农民应是自己来到南京的，他越过了中间的知县，直接把这对瓜背到了张府尹的衙署。

在康儒博所讨论的定位和反定位的宇宙观中，处于中央、代表国家收集信息的人在判断和解释异象方面发挥着积极作用。[4]然而在1372年的这个场合，大臣们将这对瓜用来奉承、宣传或作为议政论据的前提是瓜农已经将其带到了宫廷。之所以太祖能有嘉瓜所体现的道德权威属于农民本人这样的论点，恰恰是因为瓜农不这样认为——如果这位句容人不认为这对瓜蕴含的意义指向皇帝，它们就不会被进献到京城。

在赋予生活中的事物意义时，人们必须先选择要阐释什么。世界上有很多奇怪的事情，但并非所有的事情都会被理解为某种征兆。在明代律法中，瓜类受到特别的保护以防盗窃，而且其在句容这个充当南京的市郊农场的地方也很重要，盗瓜会被处以二两银子的处罚，但毕竟，它们还是些微末的东西。[5]它们并不符合鲁惟一（Michael

Loewe）对征兆的定义，即"对所有人来说都显而易见、其规模和强度大到必须解释的自然迹象"，比如日食。[6]因此，在1372年，句容当地必定做过一个判定：首先，这对瓜属于一种吉祥的异象；其次，它们指向明朝皇帝。我认为，有几个因素影响了这一判定：句容作为道教中心的地位，早前对明太祖的进贡，当地对奇异植物的传统阐释，当地人与历任知县的关系，以及瓜农本人的家庭。

在明初，正如南京是正统政权的中心一样，句容是道教的中心。一千年前，学者、道士葛洪就生活在句容，因茅氏三兄弟登山采药、悬壶济世而得名的茅山那时已成为道教一个新教派的祖庭。道教源远流长，有着卷帙浩繁的经文，其内容既有对精神世界的深奥讨论，也有对天文学和自然界原始科学的探究。这些道教文本一直与自然息息相关：一些句容道士将经书存放在葫芦（匏瓜）里[7]，也许是因为它们的无数种子象征着原始的混沌和肥沃，也许是因为其与北斗七星的隐喻相关——北斗星是道教崇奉的神。

这些葫芦从字面上看颇具象征意味，而其他植物也同样如此。例如，如果在修心炼神时以松脂和菌类代替谷物和肉类为食，则可洁净自身或获得长寿和飞行等特殊能力。在这种思维方式下，食物和药物并非泾渭分明。例如，一个关于不同瓜类的说法认为，七月采摘的青瓜可以入药，南瓜和另一种瓜果——北瓜可以止痛祛病，而西瓜可以解暑。[8]道士们不仅在饮食上很讲究，还炼丹制药。在明太祖的自述中，在他出生的前一天，一位神秘的道士赠予他母亲一粒白色香丸。[9]然而，并非所有的道教丹药都是无害的。即使不是出家道士，有的人也会摄入一些奇怪的物质，如砷和铅。明太祖有两个儿子就是因为过量服食丹药而死。[10]也许是出于当地的道教传统，句容出产奇异植物的历史相当悠久。县志中列出了当地出产的五种神奇的芝草，并记载了当地的一句话："芝，灵物。可遇而不可求。"[11]对奇异植物的赞美和解释并不是句容独有的，但句容非常认真地对待此事。[12]

1372年的并蒂瓜并不是该县献给太祖的第一种带有祥瑞意味的植物。1355年，这位未来的皇帝在他经常提及的一次突发军事行动中从大本营（和州）渡过长江北进，控制了包括南京和句容在内的地区。作为一个宣称自己出身布衣的人，太祖可能看起来很平易近人，南京附近的各县纷纷归顺。1367年4月或5月，太祖晓谕句容县臣民：

> 自渡江以来，十有三载，境内多以瑞麦来献。丙申岁太平府当涂县麦生一干两岐，丁酉岁应天府上元县麦生一茎三穗，宁国府宁国县麦生一茎二穗。今句容县又献麦一茎二穗。盖由民人勤于农事，感天之和，以致如斯。尔民尚尽力畎亩，以奉父母，育妻

子,永为太平之民,共享丰年之乐。[13]

这封谕令与太祖对1372年句容进献并蒂瓜的一些陈述是一致的。太祖似乎愿意间接地将这些征兆的出现归于自身,但这封谕令的字面意思是明确的:祥瑞植物的出现源于农人符合社会的道德要求,而且与地方安定、家庭和谐和农业丰收等真正的幸事相比,这些都是微末之事。这封谕令没有提及皇室祖先曾生活在句容,并指出句容出产的祥物并不独特。也许它的目的是抑制民众进贡祥瑞的热情,而且可能确实起到了这样的效果,因为弘治《句容县志》的"历代诏诰敕谕"中没有收录这封谕令,而且1750年纂修、1900年重刊的乾隆《句容县志》中也仅有一行记录。[14]

除了1367年平淡的谕令,还有一个原因也让1372年进献嘉瓜在地方语境中令人惊讶。并蒂瓜以前出现过,以后也还可能会在句容出现,但它们往往与知县有关。知县尽管通常只任职三年,最多也不过九年,却是善政的关键人物。有位官员反思了他离开多年的家乡的情状后,这样写道:

其盛衰荣悴,有不可得而知矣,夫固系于为县者何如也。果得贤者而临之,其政之仁,足以得民和、致天泽,草木昆虫当益畅遂,山益秀而水益清,其可乐加焉。而今之所闻异于是，则凡昔之可乐者，将不为忧伤慨叹之资乎？邑之人将不有羡夫逍遥之游者乎？[15]

如果一位知县在任内征得了合理的赋税，没有留下太多悬而未决的罪案或诉讼，并且任职期间没有发生叛乱和其他严重的麻烦，那么他就可能得到晋升。一些知县把精力用在造福一方：在贫富之间公平地分配税赋，建造城墙、桥梁、祠庙、学校、育婴堂、惠民药局和养济院，提高民众的道德水平，并捣毁国家不认可的淫祠。通常，大约从1470年起，这些积极的知县开始编纂、监修或重修地方志——一种记录地方历史、著名人物、制度沿革、风景名胜、诗歌、物产的史志。这些方志可能会成为地方士绅家族争夺荣誉的场所，也可能记录了知县的举措，提高其官声。知县还有可能在方志中为自己的家乡留下一笔——他们总是被委派到远离家乡的地方任职，以防止其和地方势力有任何勾结而威胁到王朝的统治。然而，知县要治理一方，与当地人的合作是必要的。知县要征募平民担任衙役，让识字的人担任文书，他们几乎在地方治理的每一个领域都与地主和当地士绅家族合作。如果一个知县诚实、勤奋且幸运，或者与地方社会或主导地方社会的人有良好的关系，那么他可能会在当地的祠庙里获得一席之地，或者迎来某种代表上天认可的异象。句容的几位知县都取得了这样的成功。

例如，宋代句容知县张侃的善政，特别是建造放生池，为当地带来了"五瑞"，其中包括被描述为"瓜并蒂"的瑞瓜。1229年（南宋绍定二年），当地人树碑绘图铭文，以纪念这些瑞兆和张氏的功业。[16]到了明中期，越来越多的瑞瓜、嘉禾出现，以表对句容地方官员的赞贺。地方士绅王韶在1450年通过乡试后，一直是个优秀的官员，他的德行提高了辖区内百姓的道德水平。但由于暮年更愿意在家养老而不是继续做官，他回到句容，终日以诗酒自娱，别号"归闲道人"。他帮助编纂了弘治《句容县志》，志中包含多首诗，其中就有一首庆贺1470年左右张蕙任知县时出现的并蒂瓜和其他吉兆，还有一首庆贺15世纪90年代应知县王僖而生的嘉禾。这两位知县都是行动派，都与句容的士绅社会有关系；王僖为县志收集材料，张蕙贡献了多首诗，这些诗是在觥筹交错间创作的，也许王韶本人也在座。王韶的诗以对王朝的赞美作为结尾，但他将祥瑞植物的出现归因于知县的善政。那些可能种植出这些祥瑞的人只是作为感激者出现，在一首诗中，王韶用他们的颂歌为庆贺添彩。第三个例子，在约1488年，明代句容知县徐广也为句容带来了嘉禾瑞瓜。[17]所以我们可以看到，句容的传统是把嘉瓜和杰出的知县而不是皇帝联系在一起。

在这个盛产奇花异草及其传说的县，一对并蒂瓜在明初被解释为一种祥瑞不足为奇。纪念知县张侃的瑞瓜的宋代碑文和图画仍留在县学里——事实上，它们在明初之后的很长一段时间都还在那里。碑文和图示被收录在晚清的句容县碑文集中，其中省略了因时间推移而变得难以辨认的一些文字，因此，碑文集中的这篇宋代碑文一定是根据石碑抄录的，而非根据弘治年间县志。[18]1847年，句容县学学官张渊甫将碑中的并蒂瓜摹绘到一幅画中，并附一首短诗；两个圆瓜的形象似乎很适合用来庆祝他的妾室给他生的一对双胞胎。[19]（并蒂瓜至少曾被用在一幅流行的《百子图》年画上。[20]）明初的时候，这块碑就在那儿，任何有机会前往县学的人都能看到。

种出那对献给明太祖的并蒂瓜的人要看到这块碑是轻而易举的。宋濂向我们透露了他的名字——张观。虽然张观的父亲和祖父都没有一官半职，甚至可能没有参加过科举考试，但他们都受过良好的教育，住得离句容县城很近。[21]这样的人是有机会参观县学的。每个县都有县学，这是公署的一部分。县学由两组建筑构成：一侧是学官，供参加科举考试的学生求学读书（在明代，这里几乎没有实际的教学活动）；另一侧是孔庙，知县定期在此举行仪式。这个建筑群是当地士绅和知县举行礼仪性集会的地方。例如，知县可能在那里举行"乡饮酒礼"，以表彰本县的长者、贤者，并得到他们的认可。在这样的场合，张家的人肯定会注意到这块纪念着同姓杰出知县的宋碑。事实上，正如我们将看到的，张家与句容县学有着密切的联系。张观肯定知道张侃的瑞瓜故事。

因此，当张观的园子里长出一对并蒂瓜时，他自然会认为这是一个吉兆。从中央，即皇帝和朝廷的角度来看——也就是历史学家通常采用的视角——这对瓜被解释为上天对新朝皇帝的认可似乎是常识。但现在我们已经对当地的背景有所了解：5年前太祖对句容的嘉禾兴致不高，以及句容传统上将这种征兆解释为上天对知县的回应。我们会感到，张观将并蒂瓜带到京城的做法相当奇怪。他之所以选择将这些征兆解释为上天对皇帝的回应，可能是因为当时的知县黄文蔚并不出众——事实上黄氏几乎没有留下任何痕迹。张氏可能认为黄文蔚不配得到上天的认可，但又不愿意通过他向上呈递并蒂瓜而冒犯他，所以张氏可能直接去找府尹了。

至于张氏希望得到什么，人们就只能猜测了。明代有位熟悉农耕的诗人刘崧记录了他自己在农园里工作时的想法，如：手中的瓜种播下后，需要足够的空间让它们的藤蔓生长；既然杂草长得这么好，那么瓜应该已经结果了；果应该长熟了，而且会很好吃。[22]但是，我们没有任何关于张观想法的记录。他是什么时候注意到这一异常现象的？在瓜的整个生长周期中，亲戚和邻居们又有过哪些讨论？张观的妻子在前一年又生了孩子，他对自己的幼子们有什么期许？明初有六七个句容人因为德行或才能而被推荐为官，也许张观认为，如果献上嘉瓜，他也能由此谋得一官半职。也许他希望像俗话说的那样——"投瓜报玉"。[23]但他只得到了1200钱和皇帝的《嘉瓜赞》，就被送回了家。他一定很自豪地把这篇文章刻在了石碑上，尽管这块石碑未能留存至今。[24]地方上可以选择如何理解异象，以及是否将其呈送给皇帝。1372年后，句容人不再向皇帝进献嘉禾瑞瓜。他们又像过去那样用瓜果祥瑞来赞扬贤能的知县而不是皇帝——也许这正是因为张观及其家人遭遇的悲剧。

第四章 张家

弘治《句容县志》将张观放在了"义士"类。简短的传记中提到，他向皇帝献上了他园中所产的嘉瓜。传记中说，人人都钦佩张观对皇帝和对他弟弟张谦的忠诚。进献嘉瓜几年后，张谦因为同名之人所犯的罪行而被误捕。他被解送京城，关进了监狱。

这种误捕在当时（可能是1390年前后）并不罕见。太祖越来越偏执，逮捕并处决了数以万计的人——以涉嫌与高官重臣和将军们密谋造反，或涉及各种腐败为由。他把正常的司法程序抛在一边，鼓励地方百姓直接向他告发邻里和官员，并亲自审理案件。明初的一些士人将他们那个时代的大量冤假错案直接归咎于太祖的严刑峻法破坏了亲情人伦、乡里团结和道德权威。[1]

张观替他的弟弟向皇帝申诉——可能是提醒太祖他进献的那对嘉瓜，但只是一场徒劳。张谦并没有被无罪释放；相反，张观也被逮捕，同他的弟弟一起被监禁，最终二人双双被处死。当张谦哀叹命运不公时，张观却正色说："邻里有急，尚且赴救。兄拯弟难，死何憾焉？"围观者都为之落泪。张家兄弟的邻居和亲属都认为张观很有义气。他们将这对兄弟合葬在句容县衙以南约3里、靠近南桥的地方，称此墓为"义垄"。[2]

两个被当作罪犯处决的人能得到这样的纪念令人诧异。我们不清楚当时这座坟墓是否立即被称为"义垄"，但至少在1450年左右，它已被如此称呼，其获名时间可能更早。即使当时张家因为这场处决而在当地被视为耻辱，一个世纪后，当王知县、当地士绅王韶等人编撰县志时，这种耻辱也已经消失了。县志自豪地将这个家族纳入记载，并详细介绍了张观的不幸遭遇。甚至在县志编纂之前，其他一些可能与张观、张谦关系密切的张氏族人就已经获誉。县志中把多位似乎是张观一脉的张姓人称作"坊郭人"（意即来自县城或附近的人），他们取名的方式与张观后人有相似之处，这暗示了他们来自同一宗族。他们或因长寿，或因文学造诣，或因功名在成化年间受到表彰。[3]但张观一支获得了最高荣誉，并让家族与王朝和解。

张观无怨无悔地为他的弟弟而死，是兄弟情谊的典范。兄弟关系是构成社会的五伦之一。在五伦的每一对关系中，一方都对另一方负有责任，并且按照文化理想来处理这些关系被理解为"修身"的一种方式。第一种关系是父子关系，在理想情况下，父亲关爱和指导子女，子女则孝顺和服从。第二种是君臣关系，理论上，这种关系建立在相互尊重的基础上，君主仁爱，臣子忠诚，尽管我们已经看到它在实践中是多么复杂。众所周知，夫妻、朋友之间的关系也很复杂，兄弟关系也是如此。兄弟和睦受到高度重视。《诗经》描述了一次祭祀仪式后的家庭盛宴：

敦彼行苇，

维叶泥泥。

戚戚兄弟，

莫远具尔。[4]

兄弟们会在父母家尽可能长时间地与父母一同生活，在需要时，家庭可能还会扩建其居所。（女儿出嫁后，通常会离开娘家，甚至离开她们出生的村落。）财产由家中的所有男性成员共同拥有。这些财产由一家之长管理，但不完全属于他。每个成员都为家庭资产贡献他或她的劳动和收入。

妻子作为大家庭的外来者，往往被视为影响兄弟和睦的因素。她们拥有私产，形式包括作为嫁妆带来的金钱、衣服、珠宝和土地，尽管她们可以选择将之借给或赠予大家庭，但从法律上讲，这些财产只归她们的亲生子女所有。由于这种关系代表了一个大家庭中的私人利益，人们认为妻子们分散了丈夫对父母和兄弟的责任，并且她们在大家庭中更偏爱自己的孩子。汉代的一首诗描述了一个孤儿的凄苦生活。他的嫂子介入了他和同住的兄长之间的关系。这个小男孩努力收瓜，用车把它们拉到市场上贩卖。有一天，车翻了，路人非但不帮忙，反而无情地拿走并吃掉了他的瓜。他们只把瓜茎还给他，虽然这可以为他证明这是一场意外，但并不能使他免于责骂。[5]

当兄弟的核心家庭之间的关系紧张到共同生活难以维系下去时，无论这种局面是不是嫁进来的妇女造成的，这个大家庭的共同财产都会在几兄弟之间进行严格的平等分配，诸如店铺等资财有时会通过交换份额的方式保持其完整。邻里亲属往往会监督这些分家事宜，并将之记录在册。分家的标志是各自拥有独立的住所，或至少是独立的炉灶——兄弟们不再一起吃饭。少数能够世代保持不分家的家族被视为美德的典范，备受敬仰。在更早的朝代，他们还会受到朝廷嘉奖，不过明太祖不信任拥有大量土地的地方精英家族，故而停止了这一做法。[6]尽管人们钦佩这种数代同堂的家族，并高度重视大家庭，但在整个中国历史上，大多数人生活在约由五人组成的核心家庭或干系家庭（父母、一个孩子及其配偶，以及孙辈）中。

资财可以由家庭以外的亲属组织来保管。在中国历史上，特别是随着晚明和清代社会经济的繁荣以及士绅阶层的扩大，许多家族虽然兄弟世代分家，但仍以宗族的形式保持联系。这些宗族逐渐发展成更高层次的社会团体，拥有族产、完善的管理结构和成文的族规家法。这些有组织的家族会大规模编修族谱，通常会为所有男性成员追认第一个在该地区定居的族人为祖先。他们常常会虚构自己是历史上某个著名人物的后裔，而且每一版族谱的内容都越来越宏大。这一做法也体现在解缙编纂的《明太祖实录》中，其中关于太祖祖先的记载追溯到了上古时期，至少到公元前1000年：

> 其先帝颛顼之后，周武王封其苗裔于邾。春秋时子孙去邑，为朱氏，世居沛国相县。其后有徙居句容者，世为大族，人号其里为朱家巷。……累世积善，隐约田里。[7]

保存并扩展了这些谱系的族谱中还包括其他文书，比如家规。

句容市档案馆藏有一部1877年句容葛村（位于县城西南）张氏家族11代人的族谱，现在装订在一个廉价的笔记本封套中。族谱中包含了张氏开基祖（被称为太祖）留下的族约。族约既说明了兄弟和睦在财产共享的大家庭中的重要性，又反映了这种安排所带来的心理压力。张氏太祖首先提到了父母与子女的关系，劝告后人要做孝子，努力学习，为父母争光。然后谈到兄弟关系，感叹有的兄弟因为一点妒忌或小的利益冲突而闹翻，甚至反目成仇，并提出建议：虽然一个家庭可能难以容纳几百个人在同一屋檐下生活，但兄弟之间至少可以拒绝听好事者造谣，在出现问题时面对面交谈。张氏太祖哀叹道，如今人们往往谈论的是夫妻关系（事实上，在明末至清代充满活力的城市文化中，夫妻之情受到高度重视），但最重要的是和睦的兄弟关系。张氏太祖写道：所谓兄弟，就是与自己"气同而形异"的人。年轻时，他们在同一个碗里吃饭，在同一床被子里睡觉。从垂髫之年到白发苍苍，可能长达六七十年。天地之间，再没有比这更亲密的关系了！[8]很明显，这就是张观的感受。他和他的兄弟一起放弃了生命，并把他的价值观传给了他的儿子张逸。

张观、张谦兄弟被处死和埋葬后，张观的大儿子张达被流放，小儿子张逸自愿跟随。[9]他们的流放地并不在明帝国的边界之外，而是边疆的一处屯田，远离他们在句容的舒适家园。

张家男丁未独自离开句容，也没有因妻子之间的小矛盾分道扬镳。相反，张家的女儿和妻子们不仅以自己的贤德赢得声誉，还稳固了张家的声望和地位。张家妇女的模范是由张观、张谦二人的祖母，张进甫的妻子王氏树立的。当她的儿子张文聪还在襁褓中时，她就成了寡妇，王氏将儿子抚养成人，并守节62年，至90岁去世。王氏示范了一条通向极高荣誉的途径，这基于两种人伦关系："父母—子女"和"丈夫—妻子"。丈夫和妻子，就像天和地或者君和臣，不是平等的，而是互补的。一个男人在同一时间只能有一个正妻。正妻由年轻男子的父母挑选，携嫁妆以盛礼嫁入夫家。她是丈夫的伙伴，她的责任是打理家中的所有"内"务——不仅是做饭、做针线活、打扫等，不仅是照顾丈夫的父母和祭祀他的祖先，还包括记账、教育孩子、管教和监督家仆，甚至打理田产和生意。一个男人在学业、仕途或生意上的成功，取决于他的妻子能否妥善打理他的事务；当男人离家时，她要履行他的孝道，照顾他的父母，以及他为尽孝道而生育或收养的孩子。

要做个好妻子，士绅家庭的妇女未必需要自己生孩子。[10]收养很普遍，也是合法的。如果一位正妻不能生育，或者在晚年作为居士而独身清修，她的丈夫可能会纳一位"如夫人"。这在富人中很常见。"如夫人"被称为"妾"，是用钱买来的，她们入门时没有婚礼或嫁妆。妾的孩子记在正妻名下。如果正妻死了，男人可以再娶，再娶的妻子称为"继室"，将继承前任的所有义务和职责。妾则不会被提升到这个地位。此外，一般认为男主人有权与家里的婢女发生关系，只要他之后纳她们为妾，或者在她们适龄时把她们嫁出去。

在明代，虽然男人有这种选择空间，但一个出身士绅阶层的女性一生中只能与一个男人发生关系。许多寡妇往往发现自己无力独自生活，或者不情愿守寡，所以不顾这一条规而再婚。但随着时间的推移，社会和国家越来越不赞成寡妇再婚，而是推崇寡妇守节。抵住来自父母、公婆和求娶者的种种压力，抵制性和陪伴的诱惑，独自打理家业和抚养孩子，这些确实令人钦佩。到了晚明时期，在一些城镇的街道上开始建起表示朝廷表彰的贞节牌坊。清代的方志中列举了极长的贞女节妇名单，但通常很少提供细节，而在明代，这些妇女的故事一直被传颂，如上述张进甫的妻子王氏的故事。

张氏，名守贞，可能是张进甫的妹妹。她也是一位节妇的楷模。她被卖给一户人家做童养媳，这并不罕见，尤其是当新娘家面临经济困难的时候。在这种情况下，性行为会被推迟到双方都达到适当的年龄，甚至可能更长，这取决于家庭的经济条件和其他情况。守贞15岁出嫁，6年后丈夫就亡故了。两人未有夫妻之实，守贞若要改嫁，也无不妥。她的父母想让她改嫁，然而她发誓要为丈夫殉情，尽管她的婆婆试图阻拦，但她还是割断了自己的喉咙。这种对贞节的矢志不渝压倒了顺从父母的美德。寡妇守节和殉夫可以体现出个人在家庭体系中的道德自主性。

下一代的张家妇女同样以金石般坚定的决心面对悲剧。张谦的遗孀倪氏与她的侄子张达、张逸一起被流放，她甚至在谪戍地也能保持她的贞洁。和她一起的还有她早先丧偶并回到娘家的小姑子张全一，以及她的婆婆（全一的母亲），姑嫂俩一起侍奉老母。（婆媳关系不在五伦之列。新娘应该把她的公婆当作父母来尽孝，但她当然不可能立即转移自己的感情，而婆婆则担心失去与儿子的亲密关系。婆媳关系被认为是很难处理的一种关系，但它在人们的生活中是至关重要的，在文学作品中也受到很多关注。）张达很快就死了，而张逸则被调到贵州西北部蛮荒的赤水卫。倪氏和她的小姑子全一在张达死后，一直跟着张逸，与他一起辗转数十年。她们分别在74岁和83岁时去世。全一的娘家在她死后也没有忘记她——张逸的儿孙将她与张家的男性祖先及其妻子的牌位一同供奉在宗祠里。

与张逸同行的还有另外两个女人：他哥哥张达的妻子谭氏，以及他自己的妻子孙氏。谭氏丧偶时31岁，她带着两个年幼的儿子张麒和张麟，在服侍婆婆胡氏的同时，抚养、教育儿子多年。在做了35年的寡妇之后，谭氏在66岁时去世。她最后在病中，把家中事务交给了她的妯娌，也就是张逸的妻子孙氏。这些妇女都没有再婚，她们一生都在照顾她们丈夫的家庭。即使是回到娘家的全一，也没有再嫁。

孙氏也表现出一种远远超越被动顺从父权规范的正直。乾隆《句容县志》中有一篇她的长篇传记，尽管她的丈夫一直活到80多岁。她在婚姻的开始，而不是结束时，就已经表现了她的贞洁。她的故事是这样的：她是张观一位密友的女儿，张观与这位友人亲密到取了相同的表字，两人都字"谷宾"。当这位朋友的妻子怀孕时，两位谷宾即指腹为婚。这是男人或女人表达友谊或巩固与母系亲属关系的一种常见方式。（父系亲属因为同姓而禁止通婚。）但当这两个孩子只有10岁时，张观就被处决了，张家也遭流放。后来，在母亲的命令下，张逸前往句容想与孙氏完婚，孙氏的父亲孙谷宾想退婚——这是可以理解的。这样的婚姻将使他与被判决的罪犯捆绑在一起，他的女儿将在流放中度过一生。但孙氏严厉地对父亲说："娠而许之，以患难而背之，非义也。"她站在了道德的制高点上，但也很有可能是她爱张逸，从小就期待着嫁给他。她的父亲不得不让步，而孙氏则跟随张逸前往流放地。在发现她的婆婆已经去世后，她就把大嫂谭氏和家里其他比她大的女性当作她婆婆一样的长辈来伺候。事实证明，她是张逸值得信赖的伴侣。[11]

这个家庭能走出灾难既仰赖于这些妇女，也是张观的儿子和孙子的功劳。张逸是一个顾家的人，而张逸之子张谏，则是孝子和忠于明朝的臣民。张逸与孙氏完婚后，他的母亲去世了，他"执丧哀毁"（即妥善完成了所有的葬礼和丧仪）。张逸当时还是一个20岁左右的年轻人，求学甚笃，辗转各地向多位老师请教。就像明太祖本人和葛村的张氏太祖一样，张逸后来制定并推行了备受推崇的家范。他悉心教导儿子和侄子，继承了父辈兄弟间的深厚情谊——这种情谊也体现在他对叔父的关怀上，甚至需要用死亡来践行。他的哀辞中说："叔父谷善尝道病危甚，先生驰祷于天，愿减己寿延之，病果愈笃……临卒，犹命诸子厘秘器为二，以待弟。"[12] 在弟弟生病之前就关心其日后的安葬，这不是病态，而是爱。儿女们常常提前很长时间准备好父母的寿衣，甚至棺材，让他们知道自己会被妥善安葬，以安其心。张逸愿意为叔父而死，在临终时也惦记着弟弟。另一个句容人——也许是他们的亲戚——所为更甚。弘治《句容县志》有载，张文礼、张文德兄弟相亲相爱，事事相类。文礼死后，文德不食，临终时嘱咐他的12个子侄将他们兄弟合葬。[13]

即使在边远的谪戍地，张逸也坚持遵循父母的遗训，不分家产，而是同爨而居。因此，孙氏在谭氏身体每况愈下后接手的家庭事务是很复杂的。在这个家里，至少有3个比孙氏年长的女人，晚辈则至少有2个侄子，以及孙氏自己的儿子张谏、张孟昭（名不详，字孟昭），可能还有其他人。张谏正妻王氏生有2个儿子，妾何氏也生有2个儿子，另外还有4个女儿，可能是他的继室沈氏所生。张逸的弟弟，字伯启，也带着家人同他们在一起，上一辈的另一个兄弟可能也带着家人住在那里。孙氏精心打理着这个大家庭的财务，他们吃住都在一起，从1390年到1454年左右一直被流放在句容以外。

家庭经济由最年长男性的妻子管理，即使在农民家庭中也是如此，这种习俗延续了几个世纪。朱德曾向美国记者史沫特莱（Agnes Smedley）描述他的童年，那时正值19世纪末，他家里因自然灾害、清朝财政管理不善、人口过剩以及西方帝国主义的直接和间接影响而陷入贫困。他说：

> 祖母掌握全家经济，指挥全局……祖母把男男女女的事都分配得清清楚楚。下地干活需要气力，那是男人的事；地里家里的小事情，那是妇女和孩子的事。祖母有四个儿媳，顺着次序一年一个给全家烧饭，小孩子当帮手。其他妇女，有的纺线，有的缝缝

洗洗，有的扫房子，还要下地。天刚蒙蒙亮，负责那年烧饭的儿媳就要起床生火，准备早饭了。全家只要听到祖母的动静，也就通通起床，各作各事——打水、挑水、砍柴、喂鸭、喂猪、喂鸡，或是打扫……祖母不但指挥大家干活，而且根据年龄需要和活儿的情况分配粮食。[14]

每年年底，朱德的祖母和她的长子分配一年的收入，决定谁需要做新衣服。然后她把能省下的钱都放进一个坛子里，埋在她住屋的地里。朱德一面描述祖母如何管理整个家庭，一面又回忆道，女孩太微不足道了，不需要像男孩一样"取个贱名好养活"，而且"妇女的职责是劳动，生儿子，以便传宗接代，给全家增添劳动力。她没有任何个人权利"。[15]这两类情况都是真实的。父权制是一个复杂的系统，它压迫儿媳和妾室，但把责任和荣誉交给了坚强、高寿的主母。

张逸和妻子孙氏在远离家乡的地方将家庭作为一个道德中心来维护，这也是对国家的贡献。个人、家庭、国家和世界之间的联系在《大学》中说得很清楚。宋代儒学复兴使孔子的学说深入更广泛的人群，并发展出了新的宇宙论、精神实践和制度，以与佛教竞争。12世纪伟大的新儒家学者朱熹将《大学》从经典的《礼记》中抽出，作为"四书"之一而独立成书。在明太祖登基之初,一位士大夫向他进呈了一本《大学》,太祖问治国之道,这位士大夫说:"不出是书。"[16]《大学》是科举考试会涉及的书,每个读书人都要熟记于心,许多不识字的人也知道并重视它。

《大学》开篇就提出,一个人行事若要符合道德且行之有效,自己首先必须明白什么是根本。

> 大学之道,在明明德,在亲民,在止于至善。知止而后有定,定而后能静,静而后能安,安而后能虑,虑而后能得。物有本末,事有终始。知所先后,则近道矣。

然后,文本阐述了个人如何通过培养自己的品行来为天下做出贡献。这里的个人最初只被理解为统治者,但到了明代则被理解为任何个体,或至少是所有受过教育的男性。《大学》中的乌托邦社会是一个从上到下贯彻同一道德追求的理想世界,据说在远古时代曾经实现过。

> 古之欲明明德于天下者,先治其国;欲治其国者,先齐其家;欲齐其家者,先修其身;欲修其身者,先正其心;欲正其心者,先诚其意;欲诚其意者,先致其知。致知在格物。

张逸向不同的老师学习"格物"和"致知"。他诚己意，正己心，故而即使在危机时刻，也能立即知道该怎么做：愿意献出自己的生命去救他的叔父，以及在自己生病的时候就想到为自己的弟弟安排后事。他和孙氏维系着他们的大家庭，教育子女，打理各项事务，包括财务。在这样的家庭环境中，他们的儿子张谏考中进士——这是科举考试中的最高功名，并直接为治理国家做出贡献。虽然张逸本人没有一官半职，但他来自一个士绅家庭，深谙行事标准和经典学问，并以自己的行动和内心的正直推动社会的和谐运作。

张逸的事迹来自倪谦写的哀辞。倪谦在1439年考中进士，与张谏同年。"同年"往往成为个人关系网络的基础，但就这两人的关系而言，倪家来自附近的上元县，可能与张家有姻亲关系。（倪谦的儿子倪岳在张谏死后也为他写了一篇墓志铭。）当然，倪谦所写的哀辞是充满赞颂之词的。它应该是基于倪谦对他朋友张谏的父亲的了解，以及张谏的家人告诉他或写给他的故事。墓志铭这样的文献资料有时会被认为价值有限，因为它们都倾向于做正面描述，也因为它们把人套进了预先存在的刻板印象中：好官、孝子、博学的隐士、不羁的诗人。然而，墓志铭并非千篇一律。倪德卫（David Nivison）在阐释18世纪学者章学诚的观点时指出，每一级历史——家族史（家谱）、地

方史(方志)、朝代史(实录)和王朝史(正史)——都建立在更低层级的历史细节之上。他继续说:

> 说起传统中国,人们常说,家庭是一切,个人无关紧要。这让人注意到一些真实的东西,但作为一个总体判断,它肯定会产生误导。毕竟,在章学诚的历史写作观中,个人的生活和履迹构成了其他一切的基础。我想知道,我们中有多少人曾想过为逝去的亲戚或朋友写一份传记?然而,在18世纪的中国,人们理所当然地认为,这种尊重个人生命价值的最后行为只是一位士绅的责任。[17]

在撰写哀辞时,倪谦强调了张逸一生的三个方面。前两个方面是维护家庭这一道德中心和张谦成功入仕;第三个方面是张逸返回家乡。尽管整整一代人被流放,但张家仍然与句容有着密切的联系。就像王韶辞去官职,回到句容,过起诗酒相伴的好日子,张逸的号也得自他的返乡。张逸之子张谏的神道碑中说,即使在流放中,张逸仍然"读书尚义,边夷敬信,晚归乡里,人号已山遗老"。[18]倪谦为张逸写的哀辞中说:"虽在蛮陌,忠信笃敬亦可行,既老而归,不忘厥初乐所生。"倪谦还写道:"暮年思故土,挈眷东归。"[19]乾隆《句容县志》说得更加明确:张逸

"思故园丘垄"——那里曾种过瓜,他的父亲和叔叔都埋在那里。[20]张逸回到句容后,显得年轻、快乐。乡里都感到惊奇,他虽然已经80多岁了,但看起来就像老莱子一样活泼。老莱子是传说中一位孝顺的老头子,表现得像个孩子,逗父母开心,让父母感到年轻。然而,结束了可耻的流放,经营一个大家庭和培养出一个成功的儿子,仿佛已经让张逸觉得实现了自己的人生目标,不久后,大约在1456年,他就病殁了。[21]

张逸之子张谏彻底洗刷了家族的耻辱。他的一生中,在边境、朝堂和地方都曾栖身,并将家庭和朝廷结合在一起,织就一张苦行之网。张谏首先跟随父亲学习,后跟随兄长孟昭到泸州求学,但当他到达泸州时,孟昭去世了。张谏办完哥哥的葬礼,又回到家中。他的下一位老师也去世了,留下张谏处理后事。最后,在另一位老师的帮助下,张谏于1439年考中进士,并在家乡句容立了一座进士坊。[22]张谏在官僚体系的十八个等级中稳步晋升,先是行人(正八品),后任监察御史(正七品),后来升为顺天府尹(正三品)。也许是因为他向皇帝上疏,请求减少军费开支以减轻百姓负担(有传记将其奏疏中的批评称为"直言"),也许是因为他和另一位官员相互弹劾——这在派系斗争中并不罕见,他被降为山东莱州知府(正四品)。根据《明实录》对其的记载,他在莱州政绩显著,但是当地方志中只留下了他的名字和任期。两年后,他被召回京城,担任太仆寺卿(正三品)。他早期接受的军事训练显然对他很有帮助,当他被派往福建东南部监督税收时,他亲自训练民兵打击袭扰当地的海寇。张谏为官22年,直到1471年去世。《明实录》中赞扬他勤于政务,矜持详雅,笃于孝道。[23]

张谏只有两次离任,都是为了他的父母。根据《大学》和其他经典提出的关于道德修养和有效统治之间毫无扞格的理念,孝和忠是相通的。明太祖曾亲自向一批新上任的官员解释过这种联系:

> 初离母身,乃知男子,母径闻父,生儿矣。父既闻之,以为祯幸。居两月间,夫妻阅子寝笑,父母亦欢。几一岁间,方识父母,欢动父母。或肚踢,或擦行,或马跑,有时依物而立,父母尤甚欢情……父母之劳,忧近水火,以其无知也,设若水火之近,非焚则溺。冬恐寒逼,夏恐虫伤,调理忧勤,劳于父母。[24]

孝道源自人类生命的最初时刻,但正如窦德士所解释的,在太祖的思想中,孝包括所有的德行,不仅意味着每天早晚问候父母,服侍他们饮食,顺从教诲,还意味着要在他们的命令有违礼法的情况下加以规劝,维持家庭生计,避免任何可能招致责备的不当行为和任何会带来惩罚的犯罪行为，在官任上尽忠职守，在战场上英勇杀敌，结交品行端正的朋友，妥当地处理人际关系。太祖感叹说，少有人能真正理解孝道，即使是那些被称为"孝廉"的人。[25]

对许多人来说，服丧也许是行孝中最重要的时刻，这一过程也反映了为国家服务和行孝之间的联系。正如一位葡萄牙观察家所写的那样："他们的丧仪是我所见过的最严格的，他们贴身穿着粗毛布衣，外面套着长袍，腰间束着粗绳。"[26] 为官的儿子，与从事其他职业的儿子一样，要为父母守孝三年（通常实际为两年三个月）。为照顾生病或年迈的父母而离任也是可能的，这也是从困境中抽身的有效方式。例如，1391年，年轻的解缙，也就是后来永乐帝的"御用喉舌"，激怒了明太祖，皇帝命令他回乡专心照顾年迈的父亲十年，以此来迫使他离开朝堂。但是，离开仕途去为父母守孝并不是个人选择，而是官僚体系中的惯例，也是明朝社会舆论所绝对要求的。1398年，解缙得知太祖驾崩后，急于返回朝廷，为这位明令他留在家中的统治者奔丧，于是他在为母亲服丧期间离家，进一步招致了朝廷的不满。[27] 晚明的首辅张居正是年轻的万历皇帝和太后的左膀右臂，他得知父亲去世的消息后，没有返乡丁忧，而是接受太后的请求留在京城，这在全国官员中引起了轩然大波。[28] 清朝皇帝逐渐改变了离任守孝这种要求，要求重臣"在任守制"，这在观念上拉开了对父母尽孝和对君主尽忠之间长期被掩盖起来的差距。[29]

张谏的情况则没有忠与孝的矛盾。他第一次离任是为母亲服丧，在母亲坟前的小屋里住了三年，表现出至诚的孝心。他的悲痛和真诚感召了一个吉兆：一群奇异的鸟儿聚集在树上。他第二次离任是在他有了政绩，为他的父母和妻子赢得封赠之后。他陪同父亲回到句容，第二年张逸生病，张谏日夜服侍汤药，从未离开。张逸死后，张谏又在墓前守丧三年。这一次，墓旁长出了灵芝。据说，此后张谏被称为"孝芝张氏"。[30]张谏孝心的这些见证，既是对他本人的赞扬，也是对他父母的褒奖，因为他们在逆境中把他养育得这么好。人们也可以说，这些征兆暗含着对皇帝的庆贺，因为他得到了这样一个堪称典范的臣子。张谏在为母亲丁忧后立即从行人升为监察御史，部分原因可能是对其孝心的认可。

不同的历史编纂者对张谏一生的双重意义有不同的阐述；有的强调他为国家所做的，有的强调他对家庭的贡献。万斯同的《明史稿》将张谏的传记附在另一个与之无关的张姓之人后面，那是一位山东人，在永乐年间获得了嘉奖，因为他住在父母的墓旁，两次引来数百只小乌鸦在树上哀鸣了三年。在万斯同看来，张谏生命的意义也在于他的孝顺，以至于他的庐屋"致群乌芝草之感"。[31]但在《句容县志》中,张家的首次出现是在记载他们为了庆祝张谏考中进士而竖立的进士牌坊时。对于县志编纂者来说,张谏的孝心所引起的奇迹般的共鸣和他对国家的贡献是同样重要的,而且两者是相互联系的。正如商辂为张谏所作的墓志铭写道:

> 张氏之先,
> 世笃孝友,
> 根本既固,
> 枝叶益茂,
> 乃生太仆。[32]

一个良好的家庭将同时养就人的孝顺与忠诚。孝子的荣誉对他所服务的国家产生了积极的影响,而勤政官员的荣誉也为他的籍贯带来了好声望。

商辂的诗句,以及《大学》,直接从家庭转向国家,但家与国之间往往还有一个关于忠诚的焦点——家乡。地方上有某些自然和文化产物,这些特产作为贡品被送到京城,也销往全国各地:湖州的毛笔,可用于绘画和书法,非常有名;金华的火腿至今仍然闻名遐迩。人们对地方特产感到自豪。例如,来自浙江北部的画家徐渭倡导一种当地的绘画风格,浙北与句容一样,同处于"江南"这个文

化中心地带。他使用被其家乡方志列为特产的纸,经常画鱼、蟹、瓜、蔬等,而且总是在画上写下这样的诗句:

鱼蟹瓜蔬笋豆香,
溪藤一斗小方方。
校量总是寒风味,
除却江南无此乡。[33]

同县的人在远离家乡时也会互相寻找,特别是到了清代,他们形成了有组织的行会,在商界和政府中巩固同乡的联系。地方关系的存在导致了回避制度,据此,一个人不能在他的家乡或其邻近地区任职。然而,像所有其他纽带一样,地方纽带是复杂的。一方面,正如太祖时期发生的冤假错案所表明的,邻里既可以是盟友,也可能是致命的敌人。家乡的社会竞争可以延续到国家舞台上。另一方面,一个人的"家乡"在哪里并不总是很清楚。例如,有两个地方都声称当地是张谏的家乡。

张谏和他的父亲张逸,大部分时间都是在句容之外的流放地度过的。张谏既不在句容出生,也不在句容长大。他们的流放地贵州,热切地把他们算作贵州人。嘉靖《贵州通志》将张逸和张谏都列为赤水卫人。[34]清朝的明诗辑录者、贵州人陈田自豪地称张谏是赤水卫人,并指出:"吾黔有进士自孟弼始。"[35]陈田可能是从明代一本传记汇编中得到关于张谏的信息的,该汇编记载了张谏非常顺利的官宦生涯以及灵芝和群鸟对其孝道的回应。事实上,那本按省、府分类的明人传记汇编,显然是在无意中两次列出了张谏的名字:一次是作为赤水卫人,一次作为句容人。其中一些事实是相同的,比如张谏为其父母服丧的事;两者都提到了灵芝出现。但是将张谏视为贵州人的版本要详细得多,可能是因为一个贵州人能如此成功是不同寻常的。[36]

陈田辑录的张谏的存世诗表明,张谏确实认同他出生和成长的地方——贵州。

望古

赋心既传盛,经术复开尹。
并兴巴彭城,名德乃与准。
牂牁处荒维,困此山嶙峋。
如何初郡县,贤俊已连轸。
人文张华夏,覆载讵畦畛。
乃知豪杰士,不受山川窘。
遥遥今几世?嗣响何泯泯。
望古一长叹,负重愁绝膑。[37]

张谏的诗表达了他作为一个落后地方的人的感受,文明确实覆盖到那里，但在那里很难真正获得什么成就。事实上，或许他本可以重塑自己的身份，作为贵州人忘却家族的耻辱。因为流放，张家被登记为军户。假使张谏再以贵州人的身份报名参加科举考试，可能会更容易通过，因为科举考试中各地都有一定名额。但他没有这样做。[38] 相反，正如我们看到的，他保留了家族的历史，这被记录在他的传记里，这些传记往往以进献嘉瓜为开头，有的还叙述了此事带来的不幸后果。[39] 句容回报了张谏的忠诚。在句容的县志中，张逸和张谏都备受颂扬；两人都被供奉在句容的乡贤祠中；[40] 而且，两人都被埋在城南的"义垄"中，与被处死的张观、张谦兄弟（张逸的父亲和伯父）葬在一起。[41]

位于县城南部的这座坟墓，其名字和位置与另一位在乡贤祠中得到供奉的地方名士的墓相呼应，那就是唐代的孝子张常洧。张常洧和几百年后的张谏一样——又或者更为专诚，同样通过极端的哀恸展现他的孝道。他在父母坟前守孝30多年。在这期间，张常洧种植了上千棵柏树，许多白鹤飞于林间，墓旁还长出了12株灵芝，就像感张谏之纯孝而生的那株灵芝一样。这座墓的风水极好，以至于宋朝官府迁走坟墓，在此修建了县学（宋代知县张侃树的碑就在这里）。[42] 到了清代，县学的孔庙中仍有千柏廊，这一名称源于此处曾有千株柏树，一棵古柏仍被称为"墓树"。虽然这位地方典范的父母被官府迁坟了，但墓的原址就是他们之所在的感觉并没有消失。

张常洧去世后，789年，官府为其修建义台加以旌表。义台位于县城的正南方，在其父母墓前，也就是后来的县学前面。[43]到了明代，张常洧被句容县城以东一个村庄的张氏家族（戴亭张氏）追认为同族。这个张氏家族在明初一定有相当的地位，因为正是太祖的开国重臣之一宋濂本人在1372年初为他们的族谱作序。张氏族人勤奋学习，并制定了一套制度，以确保科举考试涉及的每一部经典，族中都有人擅长。他们在当地非常显赫，正如宋濂所写，如果你问谁是当地的望族，答案会是："一则曰戴亭张氏，二则曰戴亭张氏。"[44]

姓"张"就像姓"史密斯"（Smith）或"马丁内斯"（Martinez）一样普遍。张观与戴亭张氏有关系吗？和张谏的籍贯问题一样，这个问题没有一个直截了当的答案。宗族认同和组织的构建是缓慢而复杂的。宋濂的序和其他一些序言都强调了记录的遗失；更早一些，1343年的一篇序言感叹说，在上亿部族谱中，只有一两部能够幸免于兵燹。不过，文献资料的缺失并不妨碍明代的戴亭张氏将与张观的兄弟张谦同名的宋代官员和更久远、更著名的唐代孝子张常洧纳入其族谱。到了明代中期，戴亭张氏已聚居在另外17个村庄，并被称为句容张氏或句曲（句曲是句容的雅名，指茅山的弯曲形状）张氏——最早是在1455年吴节写的序里，这个人我们在第六章还会谈到。但大约在1530年，句容知县王绅无意中发现了被废弃已久的张常洧的义台。他通过查阅旧志辨认了义台的位置，并对其加以修缮，通过规诫那些在父母去世时未能依礼服丧的人，向当地人弘扬孝道。在那之后，1536年，一位自称是张氏宗亲的人重新镌刻了纪念张常洧的旧碑文。1562年，一块刻有"张孝子义台"五个大字的石碑被竖立起来。(到1900年，石碑的左角已不见踪影，但石碑已被嵌入祠堂的后墙。)[45]约在此时，义台旧址上修建了一座宗祠，分散在全县各处的族人开始自称"义台张氏"，并在义台举行集体祭祀活动。[46]万历年间，句容发现了一块晋代(约公元400年)的砖，上书"张壮武祠"。据晋代史料记载，张壮武是一位南渡避乱的贵族，在句容安家。后来族人修缮义台时，把这块砖嵌在了义台的墙壁里。没有证据表明这位张姓贵族与义台张氏有任何联系，但义台张氏通过宗族构建过程中典型的"东拼西凑"的方式将之纳入了他们的宗族谱系。[47]

同样，无论张观及其家族是否真的与戴亭张氏(后来的义台张氏)有血缘关系，至少他们之间有一定的联系。张观的墓就在义台附近，距离可能只有500多米。"义垄"之名也与"义台"相呼应。当宋濂听说嘉瓜是句容一位张姓之人所献时，他是否想到了几个月前他所纪念的这个宗族？太祖的另一位谋士刘基曾在句容县待过，他知道张家吗？朱元璋在成为皇帝之前，是否也曾从他生活在句容的祖父母那里听说过这个著名的、好学的张氏家族的故事？当他收到张观的嘉瓜，并为张观写下祝福的赞辞时，他是否回想起了这些故事？如果我们进一步研究句容当地历史，就会发现其他事实和其他历史说法，无一不暗示了张观向明朝统治者献瓜是个如此富有戏剧性的错误。

第五章 神笑

一个句容人

虽然明太祖朱元璋自认为是凤阳人,但他的根也在句容。陶凯和其他大臣在吹捧嘉瓜产于句容的意义时,并未捏造这一事实。许多资料记载,太祖的祖先居住在县城以西约20里的朱家巷,即现在的石狮镇,此地因田间有两座守护古墓的辟邪而得名。[1]如今,在东戴村、西戴村之间的小山坡上种植油菜、埋葬逝者的农民会告诉游客,这里是明太祖的祖籍。犁地时,他们还会翻出瓦片和砖块。朱家的祖坟也曾在那里。县志记载了当地与大明皇室有关的蛛丝马迹——带有附会意味的奇特"记忆"。弘治《句容县志》在"岗谷"一节中列出：

> 卧龙岗，在县治西十里许朱家巷。岗上有树一株，发丑枝，宛如龙爪，人呼为"龙爪树"。[2]

乾隆《句容县志》吸收了之前县志的大部分内容，扩充了许多主题，并增加了在此期间发生的诸多事件。它解释说，卧龙岗是朱家古冢，当地人称之为"皇陵"，即便没有禁令，他们也不敢在那里采樵或放牧。[3]事实上，那里早就不是朱家的墓地了，太祖在位初期就将祖坟迁走了。

20世纪中叶的一部民间故事集收录了明太祖带着一群善于溜须拍马的高官寻找祖坟的故事。太祖看到一处风水宝地上一座高大的墓，命令随从在坟前摆上供品祭物。谁知他头一磕，坟就有了裂缝；再一磕，裂缝更大了；磕第三个头时，坟陷下去三尺。原来，朱家的坟墓在另一边的一个小山坡上，而且没有明显的标志。朱元璋无奈，只得命令随从在小山脚下留下一些祭品，认山为父，并在那里磕了三个头。[4]这个故事即使不是虚构的，也是在中国整个帝制系统崩溃之后收集的，它认真对待血缘关系，却嘲笑了一个新贵皇帝的自命不凡。

句容人用"龙爪树"和"皇陵"这样的名字来"追怀"朱家的帝王风范，避免动物踏入他们从前的墓地，这是将后世的果实移植回当地的历史土壤中。因为太祖的家人居住在句容时，他们的境况非常艰难。他的祖父——兄弟四人中的一个——在绝望中逃亡。[5]在太祖的出生地凤阳树立的一块石碑上，碑记的作者用太祖的口吻回顾说："元初，籍淘金户，金非土产，市于他方，以供岁赋。先祖初一公困于是役，遂弃田庐，携二子迁。"[6]

也许贫穷和逃避赋税重担可以解释为什么太祖淡化了与句容的联系。回想一下，在进献嘉瓜的谈话中，陶凯提醒太祖，句容是他的祖籍。朱元璋已经尽力忘记它，并为自己构建了一个新的过去。在找到祖坟之后，他把祖坟迁到了出生地凤阳。1372年，他试图在那里建立一个新都。在丈量凤阳新皇陵的土地时，一些官员建议将附近原有的平民墓迁走，以腾出地方。太祖感慨地说："此坟墓皆吾家旧邻里，不必外徙。"当地人被允许在春秋两季适当的时候来此祭扫。[7]太祖的归属感显然在凤阳。追忆他的家族根源在句容对他来说没有什么好处——我想说的是，这不是因为他完全超越了家族根源，而恰恰是因为他不能完全做到这一点。太祖登基之初，仍在建立自己的合法性，而在句容，朱家与张家不可同日而语。[8]

明太祖与张谦一样，也出生在一个句容人的家庭，但是他远离了句容。与张谦不同的是，太祖不愿承认与句容的联系，尽管他在那里竖立了一块记述其谱系的石碑。为什么我们要认为句容对于他的自我认知很重要呢？为什么我们要认为他的父母和祖父母在向他讲述奇幻和冒险故事的同时，也向他提及了老家的往事、他们在那里的艰辛和屈辱，以及那些在句容社会中举足轻重的大家族？[9]也许我们可以间接地提出一个论点。

中国的每个地方都有不同的墓葬风格，而且坟墓都矗立在田间或路旁，而不是被分隔在墓园里。在宋濂的故乡金华，坟墓接近"金"字形，两侧倾斜，正面平坦，石碑安在正面。在浙江省更南边的温州，所谓的"太师椅形墓"前面两侧的墙壁呈弧形，通向后面的石碑。在句容，坟墓是圆形土丘，底部几乎是圆柱形，顶部通常有一个像盆一样的土包，（现在）坟墓的一半高度会用混凝土墙围起来。

太祖和他的妻子马皇后被埋葬在南京的一座山丘上，这片规模宏大、风景秀丽的建筑群被称为孝陵。孝陵耗时30年才建成，在古老元素基础上进行了创新，并为后世皇帝所仿效。建筑群绵延超过两公里，形似北斗七星，就像千年来一些帝王陵墓一样。[10]以下马坊（宣告进入孝陵的官员从此地开始必须下马步行）为起点，人们可以沿着蜿蜒曲折的神道前行，两旁有成双成对的大型石兽：狮子、传说中的獬豸、骆驼（新增的，宋濂曾述其乃宣扬太祖平定西域之功）、大象、麒麟和马，每一对都是一跪一立。

随着时间的流逝,现在这些石兽已经变得灰暗,但在游客时常摩挲的地方,石头的纹理依然清晰可见:马是白色带粉红色,骆驼是灰色和紫色,狮子是米黄色带橙色、桃红色和红色。这些石兽并没有高大到让人望而生畏;有些石兽的鼻子都触手可及。道路经过精心设计,游客可以随时看到眼前的一对、下一对和再下一对石兽。这种曲线保证了"气"的良好流动;其结果是既让人感到亲切又带有一丝敬畏,这种舒适感与法西斯主义建筑等旨在削弱个体的建筑给人的感觉截然不同。

路过石兽之后,人们会看到高大威武的石像生,然后经过拱形的金水桥,步入一条通道,道旁种着柏树,栖息着一些奇特的鸣鸟。长长的步道上矗立着几座红墙黄瓦的礼制建筑。这些建筑都建在带有白色石栏杆的台基上。石雕螭首伸出长长的脑袋,方便排水。第一座小型建筑即碑殿里有清康熙皇帝为纪念明太祖而立的治隆唐宋碑,最后一座建筑是一个巨大的长方形堡垒,称方城。方城的隧道大约建于1383年,由绿色和黄色的釉面砖铺成,与鹅卵石呈条状交替。方城后面就是陵墓本身——一座被称为"宝顶"的小山。这里的特征及其他文献和研究告诉我们,太祖在设计上进行了创新。以前的帝王陵墓都是方形的,但他选择了一座天然的山丘,宽300多米,高60多米,并把它修成圆形。[11]也许,这种创新就源于句容人对什么形状的坟墓才能让灵魂得到安息的理解。也许，这位来自句容的皇帝一直长眠于此：1644年满人入主中原时，人们在夜里听到陵墓传出了哭声。[12]

张家的神

太祖及其后人虽然对自己的句容根脉感到尴尬，但还是欣然承认了与邻县的联系，而太祖只是到过那里而已。朱元璋"龙飞"之时，在太湖附近征战，曾登上句容南面广德县的礼斗台眺望。在山顶上，他放声高歌，赞美眼前的美景。下山时，他停下来祭拜了山中供奉的祠山神。未来的太祖问兆于神，并得到了神灵的指示。有文献显示，他按照标准的方式占卜，也就是抽一个与写有运势的竹简相匹配的数字，而他抽到的数字是一，也就是第一枚竹简，上面很可能是一段吉利的签文。[13]还有文献称，神像对太祖露出微笑。太祖题诗勒石，有诗句如下：

中原扰攘何时定？
挥指干戈动笑颜。[14]

《祠山志》记载了太祖与祠山神相遇的另一个版本。此事发生在1356年。太祖的军队驻扎在祠山脚下，晚上他梦见神向他示意天下将会太平（梦是神与人交流的常见方式）。因为这个梦，他第二天向神问卜，得到了同样的结果。《祠山志》还收录了明太祖所题诗的更长版本，并将其重印在以龙和祥瑞为边框的一页上。

> 天下英灵第一山，
> 白云为阙石为关。
> 高台近斗当空出，
> 老树如龙挟雨还。
> 兵革屡经香火旧，
> 鬼人常护道人闲。
> 从军幸得来瞻此，
> 挥指干戈动笑颜。[15]

不管这次相遇的细节如何，太祖对神的鼓励心存感激。他即位后，最初每年派遣官员到广德祭神。1388年，当祭神对当地人造成负担时，太祖遂将之分为春秋两祭：广德的祭祀活动由当地人和知县负责；朝廷的祭祀活动则安排在紧挨京城的鸡鸣山上一座新祠山庙。鸡鸣山是太常寺管辖的其他9座重要庙宇的所在地，也是将学子培养成未来官僚的国子监之所在。[16]这座庙被称为祠山广惠庙，明代官修地理总志《寰宇通志》称该庙"祀广德张王渤"。[17]这位广德的神明十分重要——他的庙宇竟有单独的、多达638页的志书，其中记录了他的家庭世系、生平、神迹和获得的封号以及庙宇的众多建筑及其重修记等，还记载了与他有关的众多神灵。[18]

祠山神以其丰厚恩泽为"龙兴"的朱元璋带来了荣耀。作为回报，在征战中获胜的朱元璋不仅在地方上承认并尊崇这位神灵，还将其纳入官祀之列。中央和地方的祭祀相互联系，但并不完全相同。负责为鸡鸣山兴建祠山庙并撰写碑文的高官宋讷在文章中明确指出了中央和地方崇祀的双重性，并将其与阴阳、风云、内外等其他双重性联系起来。[19]两个层面的祭祀分别继续进行着。

这位祠山神究竟是何方神圣？他有时被称为张大帝，但他生前的名字叫张渤。根据文献记载，他是汉代人。到了明代，他的官方称谓是"祠山大帝"。方志中对这位神的确切出生地存在分歧——一说可能在湖州，但对其显灵在广德没有异议。最迟在唐代，广德就有供奉他的庙宇，整个明代对他的崇拜一直很盛行。民间流传着关于他的各种传说。有的说，他的母亲是一位仙女；有的说，他曾化身巨猪驱使阴兵疏通河道，意外被他妻子目睹，他便向西逃走了。在清代的贵州，人们认为他将三个女儿分别嫁给了风、雪和雨。这些传说，以及关于祠山神能治病和降雨的描述，源于并加强了地方上对他的崇拜，这种崇拜已持续了一千多年。据宋末的笔记记载,社会各阶层的人都参与了对他的祭祀活动。句容以北的宜兴县[20],明代时有10座供奉祠山大帝的庙宇,称为"广惠行祠"。所谓"行祠",是指这些庙宇被认为从属于京城鸡鸣山上朝廷所建的祠庙。甚至连祠山的妻子也有自己的庙宇,并有相关的庙会。[21]祠山神或者说张大帝崇拜的传播体现了民间信仰的常见模式。

这个过程始于设立小型神坛,来纪念死去的非凡之人,又或者是帮助过某人——通常是通过托梦——或胁迫人们供奉的神灵。地方神灵会主动要求得到尊重。例如,有这样一则传说:一个姓罗的人在村外开垦了一块荒地,打算种瓜。他立了一座神坛,每天清晨都会去打理瓜田。但有一天早上,他发现神坛上多了一块新板,上面用黑字写着:"此是神地所游处,不得停止、种殖,可速去。"罗氏跪在神坛前道歉:"窃疑村人利此熟地生苗,容或假托神旨,以见驱斥,审是神教,愿更朱书赐报。"第二天一早,黑字变成了红字——这是皇帝批阅奏章时使用的颜色。罗氏再次表示歉意,然后离开了这里,放弃了他的瓜田。[22]

除此之外,这些地方神灵还通过回应人们的祈求——求子、求平安、求雨等——赢得人们的重视。当神显灵时,心怀感激的人们就会供奉神像,他们可能给神像镀金或者添衣。这就增加了神的力量，当神再次回应祈祷时，崇拜者就会扩大神坛，吸引更多的人前来。商人或移民这样在外行走的信众可能会四处传播信仰，在其他地方建立神坛。然后，当神再次回应新信徒的祈祷时，这些新信徒又会捐款扩建庙宇，继续吸引更多新的信徒，如此，更多得到回应的祈祷必将出现，这个神明灵验的传说也会传播得愈加广泛。当然，这种信仰也有衰落的时候：在句容，曾有一座祠庙供奉东晋一位造福于民的县令，但宋代知县张侃把它改建成了醋库。[23]但是如果一种信仰得以留存并传播开来，它的信徒往往会请求官方承认它，为其颁发名号，给予官方支持，或许还予以封赠。[24]

就祠山神／张大帝而言，早在明代以前，这种民间崇拜就已经得到了朝廷的认可。在南京建都的南朝梁开国皇帝梁武帝在梦中获得感应，向祠山神祈雨，结束了一场旱灾，后谢以圭璧。[25]由于祠山神在降雨方面颇为灵验，从那以后，历朝历代都致以官祭，追加封号。明太祖在鸡鸣山为他修建的祠庙延续了这一传统，太祖的子孙也仿效太祖继续祭祀祠山神。1440年代，明英宗朱祁镇在是否出资修缮南京祠山庙的问题上踌躇不定，但在1461年，他批准了一位御史关于在广德重建祠山庙的请求。一位清代学者指出，祠山庙是明初鸡鸣山十庙中唯一一座未被废祀的祠庙。寺庙与明朝皇室之间的相互赞助关系继续通过物质交换得到体现：祠山七宝之一曾被献给朝廷，后来又被归还。[26]

如上文所述，祠山神的籍贯一直存在争议。1388年，鸡鸣山上修建的祠山庙明确称该神是"广德张王渤"。但第二年，礼部就有官员请求朝廷批准在句容为该神立碑，[27]因为句容也宣称该神是句容人。弘治《句容县志》的记载语带抱怨，说由于广德出现了明显的神迹（也许是指神向明太祖微笑），句容的庙被降级为"行祠"。句容有多座张庙，但据弘治《句容县志》记载，最主要的一座矗立在县城南面数百亩的张氏墓群之中。庙后有一根石柱，庙前有一方人造池塘。12世纪中叶，这座张庙从当时的皇帝那里获赐了周围的土地。这块土地的赐予与张家的葬礼有关，但似乎是因为张大帝对祈雨有求必应。每当有人祈雨，张大帝不仅会为当地带来降雨，还会惠及整个地区，因此该乡被称为福祚乡。[28]乾隆《句容县志》还补充道：

> 每逢三时有雨，墓上必起云，至今不爽。庙后即系帝之子孙，至今繁衍。并俗言：帝管句容稼穑水利，村墟俱有庙以祀之，不一处也。[29]

这个证据表明，句容的张大帝显然与范围更广的祠山信仰是一致的。他的主庙矗立在城南的张氏墓群中。20世纪的某个时间,规模宏大、香火旺盛的张庙被一座工厂取而代之。2004年,据一位上了年纪的知情者说,人们曾在那里请张老爷帮助解决家庭矛盾。清明节是家家扫墓的日子,也是张老爷的盛大节日,他就像一位家神一样。

祠山神/张大帝确实是一位家神,其中的联系并不容易拼凑起来。宋讷在1388年为鸡鸣山祠山广惠庙所写的碑文中记载,关于祠山出现的时间和籍贯的各种说法"不无抵牾"。1746年的一篇碑文和乾隆《句容县志》的作者引用了宋讷的话,并问道:"四百余年以前已无确据,矧千百年以后耶?"这篇碑文说,关于这位神的历史,"支蔓难言"。在清代,皇帝既挑战又支持旧的统治方式(例如"在任丁忧"的政策),儒家学者开始担心经典版本之间的差异。为了澄清正统信仰,他们用批判性的学术眼光审视经典文本,寻找语言上的错误,以了解哪些文本遭到篡改,以及被如何篡改。本着这种精神,乾隆《句容县志》的纂修者阐释了句容张氏与区域性的祠山崇拜之间的联系,采用考据学的方法和文献传统,辨析并摒弃了许多历史记载,但仍保留了地方自豪感。

清代修志者以学者身份揭穿无知的民间传说,采取审慎的态度,让这些句容人得以推翻祠山神名为张渤且原籍湖州、后居广德的说法。他们进一步驳斥了当地人认为该神是皇室成员的看法,并坚称没有儒者会传播这样的故事。相反，他们从人类学的角度写道，该神是南方常见的神祇之一，自古以来就受到当地人的崇拜，其真正的起源不得而知。他们称，事实上，祠山神是句容最古老的神，与句容相伴而生，并得到句容所有社的共同支持，这些社建造并在1746年重修了他的庙宇。撇开他们对古老谜团的质疑不谈，县志纂修者说，该神最初是句容人，姓张，其父母住在南门外，并葬在那里，即现在的南郊张庙。[30]这位张姓神明及其家族的古老性反映在张庆文自豪地向我引述的一句话中——"先有义台张，后有句容城"。[31]

乾隆时代的修志者认为，这位张姓神明的凡间生活已无法追溯，但他们并不怀疑神力的真实性。他们说，若非这位张姓神明一直有求必应，大众和皇室也不会长久地崇祀他了。除了降雨的能力，他们还记录了他显灵的两个事例：其一，太祖向神问兆时，神微笑着回答了太祖，这显示了神的非凡之力；其二，祠山庙原址张庙前居住的众多张姓人都是神的后代。村妇们下地干活时，都会把自己的孩子放在庙里，向他叩拜，请他保佑自己的孩子平安，直到自己劳作归来，而这些孩子从来没有丢失过。修志者总结说，这两件事显示了这位张姓神明保佑家族和护卫国家的神力。[32]

就像太祖同时拒绝和接受嘉瓜一样，乾隆时代的县志纂修者一方面蔑视地方传说，另一方面又将传说载入方志，将祠山神抬升为句容本地神祇。这位句容的张姓神明对未来的明朝开国皇帝笑脸相迎，而后得到获封皇家祠庙的回报。但他从来都并非遥不可及，而是护佑着生活在他周围的子孙后代。在守护家国这个双重职责上，张氏子孙和张大帝如出一辙，一直延续到张谏。2004年，芦江村的张元生模糊地回忆起义台张氏祠堂柱子上的家训，它表达了张氏家族的双重美德——为国效力、为家效力：

> 晋朝忠臣子，
> 唐代孝子家。[33]

针对1372年的嘉瓜，太祖写道："凡数尺数丈数亩地内，五谷草木祯祥，惟庆于主临之者。"太祖接受了嘉瓜是上天的嘉许，这并不仅仅是理论上的。不过张观也不需要靠此来维持他在家乡的道德声望。离张观的墓冢不远处，就是唐代孝子楷模张常洧的墓，张常洧曾引来灵芝和白鹤，朝廷的旌表不仅认可了他的事迹，也赐予他新的荣耀。张常洧的墓后来兼作张氏宗祠。再往南一点是另一座张氏宗祠，它同时也是一位句容人心目中强大的地方神的祠庙。那是句容最古老的神灵，几百年来，他不仅保佑着张氏子孙，还保佑着整个福祚乡，甚至整个句容县；他的影响范围超出了他的故乡，遍及整个江南地区，甚至远至贵州；这位神明在明朝开国皇帝前途未卜之时，还曾庇护过他本人——来自句容一个无足轻重的家庭的新贵。

第五章 神笑

第六章 重述

> 构成宇宙的不是原子，而是故事。
>
> ——穆里尔·鲁凯泽（Muriel Rukeyser）

明太祖选中紫金山上的蒋山寺寺址作为自己的陵墓后，将原寺迁到了附近的今灵谷景区处。那里有一座玉带桥横跨在一条小溪上，"玉带"这个名字很是形象。据传，有一天，朱元璋过这条桥时，附近82棵银杏树中的一棵（现已不存）对他微微一笑。（现在的公告牌上这样写着。）朱元璋高兴地给它取名"树王"。突然，树上的一枝绿叶变成了鲜黄色，就像在秋天那样。太祖笑着说："朕无心呼尔为王，尔既受其命，表其色亦异矣。"他赐给树一条玉带束住"龙袍"。

为了阐释一座小桥而编造出一个故事，这让我们了解到人们是如何孜孜不倦地为身边的事物创造意义的。明代并非人人识字,但每个人都能听故事和道德教诲,能在庆祝神诞的节日里看戏,能看到寺庙里的壁画和塑像。当他们思考自己的时候,他们会借助传统这一巨大的资料库,将自己置于这些文化背景中,从过去的事实或寓言中解读现在。正如李鹤株(Peter H. Lee)所写的那样:

> 诗人的任务是通过重新整理旧材料来传承活的传统,从而赋予传统以新的意义。诗人(或歌者)围绕同一主题的无数次变奏是愉悦的源泉,也是对听众记忆的一种褒奖,这样的听众能迅速识别出早期版本的典故,看到新背景下旧作的功效,并感受到他的创作所引起的审美反应。[1]

陈学霖指出,明代的历史写作有意识地通过改写有关太祖的官方和民间的传说——其中一些是太祖自己创作的——来增强他的"神秘感"。陈氏认为,虽然历史事件可以为了"宣传和教化"而被改写,但这一过程也显示了人们如何在小说、戏剧、口头故事和歌曲中采用和改变故事本身。[2]

陶凯和其他大臣关注的重点是瓜果,但瓜或葫芦本身作为文化产物同样重要。精心布置的花园既可以提供审美享受,也可以生产可食用或出售的作物。和花园一样,瓜蔓既朴实无华，又富有诗意。一位明朝士大夫写道：

园瓜寒蔓早离披，

山药秋藤已倒垂。

小雨暗沾花下径，

闲云深护竹间池。[3]

瓜藤的典故出自《诗经》——它是商周时期关于农耕与采集、爱情与背叛、战争与政治以及礼仪的诗集。这些诗歌是中国社会各阶层人民的文化语料库（cultural repertoire）的一部分，被学者解读为道德和政治信息。19世纪伟大的新教传教士翻译家理雅各（James Legge）将"绵绵瓜瓞"这句诗翻译为：

In long trains ever increasing grow the gourds.

When [our] people first sprang,

From the country about the Ts'eu and Ts'eih,

The ancient duke T'an-foo,

Made for them houses and caves,

Ere they had yet any houses.[4]

宋儒朱熹作注解释说："瓜之近本，初生者常小，其蔓不绝，至末而后大……瓜之先小后大，以比周人……其国甚小，至文王而后大也。"朱熹的注释是每个明代士人都要学习的。宋濂在解释嘉瓜吉兆时也想到了这句诗，他认为长长的藤蔓和茂盛的叶子预示着太祖"圣子神孙享亿万载无疆"。

但正如李鹤株所总结的那样，将瓜类植物与"家族传承、其绵延不绝的血脉和未来的连续性，简而言之即王朝伟业"[5]联系起来，本身就是对民间庆祝丰产的挪用。长期以来，不仅其繁茂的藤蔓，瓜的种子也象征着多产。考古学家发现了许多约5000年前（帝制时代之前）的瓜形陶器，《诗经》中也有与丰收节庆有关的诗歌，表达了对丰收的喜悦。[6]蔓延的藤蔓可以象征任何家族的繁荣，而不仅仅是皇室。例如，《义台张氏家乘》中就引用了"绵绵瓜瓞"这句诗。[7]瓜有双重含义，它既代表民众的兴旺，也代表皇室的繁盛，而后者对它的借用从未抹去前者的含义。

当世的记忆

像20世纪的一些知识分子一样，太祖将农人理想化了，把自己的信仰寄托在他们身上。他希望通过直接与普通人对话，从底层开始对社会进行道德改造。他发布了许多公开的文字，早期的有向句容发布的关于嘉禾的告谕，

1380年代有汇集了一系列重大案件的《大诰》——他要求每户一本、家传人诵，晚年还颁行了《教民榜文》。《教民榜文》规定了"老人"制：乡里的老人负责调解纠纷、征召徭役、监督水利、劝农，以及监察官民。《教民榜文》还要求乡里人民勤事桑蚕，学习《大诰》，祭祀土谷之神，在道德上互相指导，在经济上互相帮助。此外，每乡每里都要选年老者或残疾者，在一个孩童的牵引下，持木铎循行乡里。"俱令直言叫唤，使众闻知，劝其为善，毋犯刑宪。其词曰：'孝顺父母，尊敬长上，和睦乡里，教训子孙，各安生理，毋作非为。'如此者，每月六次。"[8]这"六谕"到了清代扩展为"圣谕十六条"，并通过文字、宣讲和唱戏等方式在全国公开颁行。[9]就像大臣劝皇帝向善一样，皇帝和大臣也劝百姓向善。

明朝最后一次全国范围的大规模道德宣教活动出现在15世纪40年代。当时朝廷编纂了《五伦书》，作为道德典范的合集，颁行天下。该书始于宣德皇帝时期，模仿了一本典雅的、图文并茂的朝鲜书籍。《五伦书》中记述了进呈嘉瓜以及其他朝接受吉兆的事件。哈佛燕京图书馆收藏的1447年版《五伦书》高约40厘米，宽约22厘米，它大到令人印象深刻，但不至于不便阅读。刻印此书的刻版雕刻精美，书中文字大而清晰。这个版本是用来阅读的，而非仅供收藏，因为在刻版时就有句读符号。如果说书作为一种物质实体可以有个性（在把它拿在手中之前，这是令人难以置信的），那么这本书给人的印象则像是庄严而热切地教导读者的君王。君主向读者展示了进呈嘉瓜及其他故事，将其视为国家的双重组成部分——君主和大臣——之间理想关系的结晶。[10]

《五伦书》把1372年进呈嘉瓜的故事记载在"君道—嘉言—谦德"下。这个类别列举了从古代到永乐年间君主拒绝阿谀奉承的例子。唐太宗指出，他的统治尚未结束，后世可能会因他允许一篇关于他的文章——《圣德论》四处流传而嘲笑他，这取决于以后还将发生什么。[11]汉代有两位皇帝甚至禁止臣下禀奏祥瑞以及随之而来的"浮词"。因此，明太祖不接受吉兆的立场是有先例的，但以往君主的反对理由都与他的不尽相同。过去的君主并没有质疑帝王之德可能带来吉兆，也不认为吉兆是对其他人的德行的回应。《五伦书》几乎全盘采用了《明太祖实录》中关于1372年进呈嘉瓜故事的记载。它省略了最后的"王祯不在于微物"这句话，以及太祖为张观赐钱和写赞之事。[12]其重点是太祖的适度谦虚。

尽管太祖本人不情愿，但朝廷接受了嘉瓜这个祥瑞，并将其用于朝廷宣传和道德劝诫。朝廷的文本后来再次被地方引用。弘治《句容县志》中关于进呈嘉瓜的记载就直接抄自《五伦书》，太祖撰写的赞辞也被收录其中。令人不安的后事基本上被忽略了。[13]县志在赞扬张家妇女美德的部分，确实提到了张观兄弟被处决和张家遭到流放。但在政治上不便详述太祖对张氏兄弟的不义和不公。弘治《句容县志》中的一首诗可能间接表达了对此事的悲痛。该诗是由不同人创作的组诗四首中的一首，名为《义台秋月》，提到了唐代孝子张常洧的墓。根据《义台张氏家乘》，该墓已成为著名的景点。诗的作者张憘（并非县令）可能与张观有亲戚关系：他也出自句容张氏，名字与张谏儿子们的名字部首相同，年龄也相仿。[14]

> 句曲城南有遗迹，张氏当年旌义德。
> 丛筠泣露秋草荒，穹碑冒雨苔痕蚀。
> 时闻灏气散天香，顷见冰轮碾空碧。
> 徘徊不觉夜已阑，绕树啼鸟声正急。[15]

在张憘的诗中，正如预兆理论说的那样，大自然对人类的诚挚做出了回应——竹子在哭泣，鸟儿正焦虑。张憘的意象可能暗指李商隐一首著名的诗，这首诗以"嘉瓜"一词开头。不过，在这首诗中，"嘉瓜"指的是一位美丽的姑娘，她嫁给了权贵，离开了诗人。

> 嘉瓜引蔓长，碧玉冰寒浆。

东陵虽五色，不忍值牙香。[16]

张憓像所有能背下数百首诗的文人一样，通过一系列的意象和双关语让李商隐的诗在读者的脑海中浮现。张憓的"冰轮"呼应李商隐的"碧玉冰"，"香"呼应"牙香"。张憓"秋草"与李商隐的"寒浆"双关，"寒浆"除了有"冷水"的意思，还是一种草名。"五色"和"东陵"都是一种名瓜的名字[17]，但"东陵"也指坟墓，例如这首诗所写的张常洧义台，以及张观、张谦兄弟所葬的义垄。也许张憓在一个寒冷的秋夜，站在张家墓园中，用这首著名的诗唤起了对张观进献嘉瓜和被处决的回忆。

还是说我自己对这个故事太着迷了？我从所有现存的明中叶有关该事件的文献中都找到了一种方法来调和皇权与这个地方家族的关系，即都是通过颇有成就的孝孙张谦来实现这一目标的。例如，倪谦大约在1456年张逸去世时为其撰写的哀辞中谈到了张家经受的艰苦，以赞扬张逸能够战胜苦难。

洪武初，家园尝产嘉瓜，一蒂骈实以献。太祖高皇帝亲制赞以美之，命史臣宋濂为之颂，人咸谓为善庆所钟。无何，雪叔父穀恭之枉于朝。以冤死，家徙崇山。[18]

在这段叙述中，陶凯和其他大臣都消失了。只有宋濂还在，因为他奉命为张观写颂词。张观从京城归来受到的热烈欢迎，以及对从与君主的联系中获得绵长福泽的希望，都跃然纸上。希望的破灭也是显而易见的：朝廷因处决无辜者而受到谴责。

倪谦甚至认为，张家的灾难可能会引起信仰危机，让人担心并不存在能保证公正的潜在秩序，且这种担忧体现在天地间的迹象中。

> 呜呼！《诗》称绵绵瓜瓞，以谓周人之生先小而后大也。况一蒂骈实，岂非子孙蕃大之祥乎？然返遭颠踣，疑若有兆无应。今观先生既徙复归，身荷恩封，享有寿考，而子孙贵盛，聚族同爨者八百余指。是知祥瑞之臻，示之于中微，而告之以终吉，固已默定于先矣。天道不爽，岂不信哉！[19]

在倪谦的解释中，嘉瓜是张家的吉兆。瓜好比凝结了家族美德的器皿，而瓜蒂尽管在经典中被解释为与上古周朝的扩张有关，在这里却预示着张观子孙众多。张观的瓜与皇帝或天下无关。此外，尽管最初发生了灾祸，但最后事实证明这一征兆是正确的。张逸的长寿、回乡时的子孙满堂以及张谏为他赢得的封赠，化解了冤屈可能会引起的信仰危机。倪谦的哀辞也进一步表明,被背叛又被救赎的似乎不仅是张氏家族,还有句容县本身——句容的巍峨群山和灵气既孕育了非凡的嘉瓜,也造就了非凡之人。张观的美德和并蒂瓜、张逸井然有序的家庭、张谏的侍亲至孝和勤于政务,无不植根于这片沃土。

因此,一旦张谏在1439年考中进士,并在1443年母亲去世后因孝顺而得到认可后,进献嘉瓜的故事就可以安全讲述,甚至承认皇帝并不公正——因为矛盾已经解决。进献嘉瓜的故事被收录到《五伦书》中,继而引起了明中期一些文人的想象。《五伦书》的编修者之一刘俨写了一首《嘉瓜诗》,被收录在乾隆《句容县志》中。

惟皇受命,车书大同。
既庶何加,重谷务农。
孰守孰宰,龚鲁同升。
化及物类,自色自形。
瓜有嘉实,并蒂盛容。
视彼众产,大有迳庭。
圆如合璧,坚并苍琼。
若拟其大,岂直楚萍。
郡进于帝,帝曰尔能。
其应在民,其献则诚。

自时厥后,乾清坤宁。

亦有张氏,有孙在公。

百世其承,匪士则农。[20]

这是对太祖所写(以及可能说过)的一些内容相当准确的概括。与太祖的赞辞一样,刘俨的诗也提到了楚王所见的吉祥萍实。"尔能"这个奇特的短语来自太祖的反问句"朕何有能?"刘俨尽管采用了太祖的一些说辞,却摈弃了他的复杂论证。太祖对农家表达了"家和户宁"的美好祝愿。而在刘俨的诗中,皇帝的祝愿更为宽泛——"乾清坤宁",这句话与宋濂《嘉瓜颂》开头几句更为接近:

乾道载清,

坤维用宁。

保合大和,

发为休祯。[21]

此外,刘俨还修改了太祖最后对张家的美好祝愿,将太祖笼统提及的封侯列公具体化,并跳过了张观儿子这不幸的一代,许诺其孙子位列朝堂。在这个版本中,皇帝预言了张谏的成功。同样,明中叶著名的理学家和学者薛瑄也简要记述了献瓜之事。他详细谈到,太祖不顾礼部官员的意见，亲自写了一篇《嘉瓜赞》，专门声明这一吉兆并不是对他的回应，而是将其归于这户农民。他称赞太祖不为谄媚和妄言的吉兆所迷惑，超越了历代统治者，但他指出，事实上，当时阴阳有序，五谷丰登。嘉瓜（尽管太祖并不接受）确实出自太平盛世，也说明了太平盛世的来临。而且，太祖的"圣子神孙"还要延续"亿万斯年"：这难道不是嘉瓜的预示之一吗？但这还不是全部。张观的子孙同样逐渐繁衍开来，他的孙子现在已经是御史了，所以"圣祖所谕'草木之祥，生于其土，亦惟其土之人应之'者，又足征也"。[22]

这样的文字同时赞美了张谏和朝廷。毕竟，两者现在都参与了治理国家的共同事业。人们可以把这位明朝开国皇帝（或其子孙）和这位官员（或其祖父张观）都当作嘉瓜庆贺的对象，从而掩盖张谏的祖父和伯祖父所遭遇的不幸，以及张谏父亲的流放。在经历了句容祠山神的欢颜一笑和因嘉瓜而起的许诺遭背弃之后，张家和朱家的纽带终于在张谏考取进士，成为受人景仰的官员时得到了庄严的确认。这些文字颂扬了这一和解，它将帝国的两股纽带编织在一起。

县志中一首耐人寻味的诗清楚地体现了这种平衡。与张谏同时代的吴节也写过一首《嘉瓜诗》。这首诗的整体形式表现了瓜及其寓意的二重性。大多数诗句都使用了叠词或重复的句式,最特别的是,在乾隆《句容县志》中,它的两句诗被印在两列上而不是相接(因为大多数中国诗每句的字数都是固定的,所以不需要换行),以强调这种形式结构。

> 维瓜之胍,绵绵奕奕,滋之培之,是崇是硕。
> 维瓜之异,二气妙凝,于昭皇祚,惟休惟祯。[23]

诗的第一句说的是瓜的自然生长和农民的劳动;第二句说的是阴、阳如何在奇异的并蒂瓜中结合,来见证天命。吴节平衡了张观和太祖对瓜的主张。

吴节和刘俨都是张谏的同时代人,他们很可能认识张谏本人。事实上,张谏不仅是文本和解的被动载体。上文提到的薛瑄的说法出自他为一部可能已不存在的《嘉瓜集》所写的后记。薛瑄在称赞太祖预见了张谏的成功,又赞扬了朝廷的培植引导和张谏的遵循后,继续说道:

> 所资者多,而所积者有限,譬之泉焉,不数浚其源,而流将竭。祥其可恃乎哉?御史君既摘《五伦书》所载嘉瓜事实,益以家乘所传,汇而为集。名士大夫皆有作,间亦求予言,遂书此于其后云。[24]

换句话说，张谏是在积极地为其家族的美德和荣誉"基金"募捐，在这里，美德和荣誉"基金"就像一个家族的白银资本一样，是同等重要或可互换的。当时的另一位名臣李龄应张谏的请求写了一篇《嘉瓜赋》。[25]刘俨和吴节的诗很可能也是应张谏要求而作的，时间在1460年左右（张逸去世和薛瑄去世之间）。尽管张谏显然从未公开出版过这些作品，但他将所有这些作品汇集成了一个文本宝库。

后世的重述

张谏在世时以及去世之后的一段时间里，他作为知名官员的身份使人们在谈论嘉瓜故事时保持了尊重的基调。但张谏一死，张氏在官场上后继无人，于是这个家族也就渐渐淡出了人们的视野，甚至变得不甚光彩。不认识张谏的文人则利用这个故事来评论他们所处的时代或批评与他们同时代的人。情节和措辞在不同的文本中有所变化，侧重点的改变和不同的表达方式反映了每位作者对事件的判断和他自己所关注的时代议题。

黄佐在记录明代翰林院掌故的《翰林记》中，提到了宋濂的《嘉瓜颂》。

> 五年六月，句容县民张观园生嘉瓜，双实同蒂，圆如合璧。礼部尚书陶凯奉之以献。诏置之乾清宫，明日荐于太庙。宋濂献《嘉瓜颂》。[26]

黄佐提到了张观，但将陶凯当作"奉之以献"的核心人物。他没有提及其他大臣，甚至是宋濂的观点，只强调了翰林院成员[27]宋濂献《嘉瓜颂》，以及宋濂对瓜的诗意描述——"双实同蒂，圆如合璧"[28]。诗文之美必须与嘉瓜之美相匹配，因为重点不在于嘉瓜征兆本身，而在于为它而创作的文本。文本和嘉瓜都是大臣献给皇帝的。黄佐还列举了翰林院成员庆贺的其他几种祥瑞，详述了进献文章、明初皇帝接受文章时的喜悦之情，以及由此建立的君臣融洽关系。黄佐拒绝回忆太祖和永乐帝的屠杀以及他们与官员的冲突。

黄佐将太祖时期的君臣关系理想化的背后，或许隐藏着明代历史上皇帝与官僚之间最重大的一次冲突。16世纪20年代，就在黄佐步入仕途时，"大礼议"事件震动朝野。明太祖的七世孙正德皇帝没有留下子嗣就驾崩了。他的堂弟登基为嘉靖皇帝。嘉靖皇帝为了追尊自己的生父为"先皇"，与官僚士大夫群体进行了激烈的斗争，最终取得了成功。许多官员声称，太祖确立的嫡长子皇位继承制度要求嘉靖帝入嗣其伯父孝宗，尊其为父。他们指责嘉靖帝狭隘的对个人家庭的孝道破坏了国家礼法，从而威胁到整个明朝。[29]窦德士认为，在这种观点中，"私人家庭和公共领域是完全独立的，甚至是两个不可比较的礼仪领域"。[30]就连《大学》的基本原则似乎也是可以讨论的，正如卜爱莲（Irene Bloom）在谈到儒家传统时写道："在有时被称为'正统'的大帐篷内，存在着各种各样的态度和观点。"[31]

一些官员在一定程度上借鉴了注重人情的新儒学思想，支持对此事态度强硬的嘉靖皇帝的看法，并因此而获得升迁。而那些坚持表达自己对君主个人家庭和公共职责的理解的人则付出了沉重的代价：他们被降职、罢官、监禁、流放，受廷杖以致终身残疾，甚至致死。《翰林记》作者黄佐虽未深入参与"大礼议"之争，但曾站在反对皇帝的那一边。1530年，他在得知母亲生病后未经批准私自返乡，被愤怒的嘉靖皇帝以对皇帝不敬为由革职。在这些围绕继承制度、孝道、忠诚和家族荣誉的冲突中，黄佐利用嘉瓜事件和其他故事将明初朝廷描绘成——用戴彼得的话说——"一个毫无裂痕的道德秩序和权威的中心"。[32]黄佐掩盖了官员与明朝开国皇帝之间的敌意，将明初的君臣关系理想化，以斥责他自己所处的时代——一个固执的统治者与集体抗议其决定的官员强硬对抗的时代。

沈德符对这个故事的描述要丰富得多。他执笔于明末，可能在1615年左右。他也夸赞了明朝的开国皇帝，

但这次是以牺牲张观为代价的。对于陶凯进献的瓜,沈德符笔下的太祖是这样回应的:

> 草木之瑞,如嘉禾并穗、连理合欢、两歧之麦、同蒂之瓜皆是,以归德于朕,朕不德,不敢当。且草木之祥,亦惟其土之人应之,于朕何预?[33]

从字里行间可以看出,沈德符借鉴了很多资料来建立自己的阐释。例如,他像解缙在《明太祖实录》中所做的那样,曲解了太祖所列植物祥瑞的要点,但他肯定看过太祖《嘉瓜赞》的原文,因为他在文章中提到了合欢树,而解缙忽略了这一点[34]。农人的名字和他后来的命运肯定也出自其他文献记载。沈德符继续写道:

> 赐其民钱一千二百而已。史不著其民姓名。按其民为张观,产瓜未几,兄弟坐事,并斩于市。太祖之卓识不必言,更似有先知之哲焉。意者同蒂即骈戮之象欤?[35]

沈德符戏剧性地将这两个圆瓜比作这对不幸的兄弟被砍下的头颅,也许他们的头颅被他们的长发系在了一起。在之前的作品中,太祖和张观的互动是间接的,至少是通过陶凯，有时甚至是通过好几个层级的官员。但在这里，太祖能够直接洞察张观的性格。穷理查（Poor Richard）说："西瓜难定生熟，人心难知善恶。"（Men and melons are hard to know.）但对于明朝睿智的开国皇帝来说并非如此，他能够看出这对兄弟是无赖。

沈德符详细描述了最近的"吉征"，这些"吉征"往往出现在灾祸来临之前，这清楚地表明明朝人有时会将异象解释为针对个人的征兆。1530年，一位杨相公家中的池塘长出了吉祥的并蒂莲，同年，此人因背疽而死。1604年，湖广巡抚衙署内的莲花一茎开七花，士人纷纷写诗赞美。湖广巡抚升迁时，人们都说这其中有关联，但几个月后他就在叛乱中死于非命。1531年，嘉靖皇帝高兴地接受了曲周县丞侯廷训献上的吉兆——一对并蒂瓜，并亲自把瓜的画像或并蒂瓜本身送到了内殿。沈德符指出，当时并蒂瓜被认为预示了一年后太子的诞生。但出生后仅仅过了一个多月，哀冲太子就夭折了。吉兆不过如此！[36]沈德符将太祖明智地拒绝1372年的嘉瓜祥瑞与嘉靖帝的轻信进行了对比。描述太祖认为异象应于地方的观点，部分削弱了沈德符对太祖的赞美，但嘉靖帝及其臣子们共同的愚昧才是真正的重点。

晚明时期，一些记载本朝历史的史书中提到了进献嘉瓜的事件，但没有提及张观后来的命运。这个征兆根据其在文本中的不同位置及上下文内容的取舍，被用于谈论历史和政事的不同方面。例如，朱国祯在他的《皇明史概》中或多或少地沿用了《明太祖实录》中对进献嘉瓜的记载，但他也在《陶凯传》中简要提及了这件事，紧接着他写到，陶凯提出一种更容易接受的奉承方式，即建议明朝效仿前代，编纂会要以记录本朝制度。[37] 另一部晚明的编年体史书《明纪编年》（每年只有几条记载）似乎借鉴了宋濂的描述，因为书中将军事行动与征兆放在了一起。洪武五年（1372年）部分，开篇明太祖就击败蒙古人的历史使命发表了一番讲话，然后派遣大将军徐达等出征沙漠。其后，一位来自句容的老百姓进献嘉瓜，皇帝对此回应说："时和岁丰，乃王者之祯，不以物也。"[38] 文中已经没有了宋濂《嘉瓜颂》里那种胜利的基调。编纂者可能对后金势力的威胁感到焦虑——他们最终建立清朝取代了明朝。

最后一个晚明的例子是编年体史书《国史纪闻》中的"句容县献嘉瓜"：

> 句容民献二瓜同蒂，中书率百官贺。陶凯言："句容，陛下祖乡。双瓜连蒂之祥，独见于此。实为上瑞。"上曰："朕否德，何敢当？且草木之祥，生于其土，亦惟其土人应之，于朕何预？若尽天地间时和岁丰，乃为上瑞，不在微物也。"赐其民而遣之。[39]

在这里，陶凯似乎只是一个谄媚者，而这位平民所追求的似乎不仅仅是金钱奖励。明初对该事的长篇议论中那种微妙的冲突和操纵消失了。这也是唯一一份提到百官来"贺"的记载，在撰写此书时，"贺"已成为明后期在进呈吉祥植物时的标准用语，无论官员是否因阿谀奉承或愚蠢而受到皇上斥责（嘉靖朝以前时常如此）。尽管太祖别具一格的论点被保留了下来，但这一事件被同化为后来内容更少、更标准化的祥瑞表述。当它被编入通行的百科全书《续文献通考》时[40]，人们对太祖和张家的记忆都已完全消退，具体细节已遗失殆尽，故事的情感分量也减弱了。

进入新千年

这个故事在句容流传下来了吗？20世纪末，句容文史研究者程尊平两次提到嘉瓜故事，一次是为了将句容与中国的大历史联系起来，一次是为了强调明太祖是句容人。他写道，明洪武五年夏天，"本县人张观"的园中长出了嘉瓜。在引用了宋濂对瓜的诗意描述（未注明出处）后，他指出，在中国，并蒂瓜自汉唐以来就见于记载，并被作为吉兆进献给统治者。[41]程尊平既是句容人，又是中国传统文化的传承人，这样的双重身份对张谏来说是有意义的。在下一篇中，张观的名字消失了，只有他作为句容人的身份是重要的。程尊平引用了陶凯关于太祖祖籍句容的说法，并认为这证明了事实如此，否则陶凯怎么敢当着皇帝的面这么说呢？在这里，与大臣们对嘉瓜最初的解释一样，瓜的唯一作用是显示明朝建立者的一些信息——即便时移世易，句容人仍然希望宣称明太祖是本地人。[42]

21世纪初出版的一本民间故事集也收录了这个故事的一个版本，名为"不信'嘉瓜'"。

明朝洪武五年夏，礼部尚书陶凯忽然兴冲冲地用雕龙漆盘给明太祖朱元璋捧来一对西瓜，还口口声声地说这是"稀世之宝"。

朱元璋觉得很纳闷："爱卿啊，你送来的不就是两只普通的西瓜嘛。吃它嫌小，不吃它嫌浪费，有什么可稀罕的？"陶凯跪下奏道："圣上可千万别小看了这一对西瓜啊，它们稀罕就稀罕在是并蒂的！"朱元璋再细细一瞧，果然不错，这两只西瓜竟是对称地长在一根瓜藤上的。他不由得笑了起来："嗯，有意思，朕活了几十年，还是头一次见到。"陶凯得意起来，说："圣上，这种并蒂的瓜，古人就叫作'嘉瓜'。它可是一种非同寻常的祥瑞之物啊。这还是一对句容籍的兄弟送来的呢，实在非同一般啊！"

朱元璋越听陶凯的话，越觉得糊涂："咦，怎么句容人送来的'嘉瓜',就非同一般了?""因为句容是圣上的祖籍所在地啊。如今这嘉瓜也生于句容,不正是天大的祥瑞嘛。这准是因为圣上的德政感天动地,句容才长出此宝。臣以为,它应在圣上的江山将千秋万代,永不更改!"朱元璋这才听明白了:你陶凯和朕绕了半天,原来是要借这一对西瓜拍我的马屁啊。

此时的朱元璋刚当上皇帝不久,头脑还相当清醒,于是毫不客气地批评陶凯说:"朕小时候,连饭都吃不上,家里的亲人都饿死了好几个。那时,朕也听说过稻麦并穗、合欢花成连理枝之类的事。如果说它们的出现就预兆着天下的祥瑞,那怎么会有人饿死?怎么会有人因为活不下去而造反?!你把这对'嘉瓜'的出现归于朕的德政,太牵强附会了!朕有多大的功德,朕自己有数!再说,如果嘉瓜真是祥瑞之物,也只能应在句容人的身上啊,跟朕又扯得上什么边呢?"

一番话,驳得陶凯哑口无言。

故事最后写道,太祖只让陶凯给献瓜者120文钱,作为他来回的路费。没过多久,这对献瓜的兄弟因为犯了重罪,双双被官府砍了脑袋。太祖由于在"嘉瓜"之事上有真知灼见,所以没有闹出笑话。[43]

在这个版本中,重点是这位精明的皇帝,文中直呼其名。这位皇帝不改穷苦出身的本色,能够分辨并驳斥沾沾自喜的马屁精的诡计,不会受其蒙蔽。这对不知名的兄弟后来犯了罪,这暗示了他们从一开始就动机不纯。尽管这对兄弟是句容人,但叙述者对他们并无多少同情;如果说有一点同情的话,那叙述者同情的是太祖。另一方面,故事真正批判的是陶凯,而不是那对兄弟。可以说这与他们对所经历的时代的普遍理解有相似之处:领导者在早期仍然头脑清醒,亲近群众,专注于解决实际问题;逢迎者则过于自信,认为自己有能力通过阿谀奉承来对领导者施加影响。

2004年5月,我走访了句容县。经过几天的合作研究,我与东道主讨论了嘉瓜故事——在准备接待我时,他们已经阅读了这个故事的民间版本。在句容市文广旅局工作的前中学语文教师文德忠首先说,在他看来,这对兄弟接近明太祖,就像接近与自己有千丝万缕联系的流氓头子一样:奉承他,希望得到某种回报。句容市博物馆馆长翟忠华多少有些赞同。他认为张观是想做官。而我解释了我所看到的故事的另一面:张家在句容很受尊敬,而朱家则籍籍无名;即使朱元璋登上皇位,张家也不太可能完全改变他们对各自家族社会地位的看法;他们送瓜也许并不意味着他们真的认可新的统治者。文德忠热切地回答说,他觉得这个角度很有道理。他说，这是"中国人的思维方式"；他认为我应该在我的书中这样讲述这个故事。在文德忠调整后的观点中，张观确实看不起朱元璋，但因为朱元璋当了皇帝，张观就送去嘉瓜，表示祖籍地的老乡对他的佩服。张观惊讶地发现，这已经不是从前的朱元璋了，现在他是皇帝了。朱元璋其实是看不起张观的，给了他一点钱，以示不屑。后来，朱元璋找由头将其处死。文德忠的解释无论是否与明太祖本人的说法接近，从当时的社会关系来看，都是有道理的。

文德忠、翟忠华以及我的回答表明，在张氏兄弟被埋入义垄约600年后，嘉瓜的故事仍在产生新的诠释。书写历史就像做拼贴画：我们利用他人创造的碎片来创作我们的作品。每个历史学家都成为故事的一部分。《江苏地方志》杂志2004年6月那一期上有篇文章重述了嘉瓜的故事，并照录了明太祖的《嘉瓜赞》。作者说，从中我们可以看出，朱元璋虽然当了皇帝，但头脑依然清醒。短文继续写道：

> 美国明史专家施珊珊，闻知这一故事后非常感兴趣，多次通过信函、E-mail等方式与句容市政府取得联系，并于2004年5月5日飞赴句容，翻阅了大量的地情资料，走访了朱元璋的老家石狮朱巷村（现华阳镇戴家边村）及张庙村，寻访张观兄弟所葬地"义

垄"、唐朝孝子张常洧的墓地"义台"、后白[44]省级文物保护单位张家祠堂等,基本了解了《嘉瓜赞》所涉及人物情况及故事内容。[45]

施珊珊是我的中文名字。我自己现在也被收入句容的"陈列柜"中了。

自近代至今,"南京门户"句容遭受了数度的浩劫,几百万人丧生,几乎所有的古建筑都遭到破坏或摧毁。但即使是在21世纪初,人们对过去仍然记忆犹新,并据此形成了对自身的一部分认识。我离开后,句容市博物馆馆长翟忠华找到了张家祠堂的一部分,它位于现在的南大街,这条街过去叫义台街。[46]这部分祠堂现在已成为别人家宅的一部分,它对面的孔庙——那里曾经是张常洧父母的墓,现在是华阳小学的所在地。虽然张氏家族散居各处,但祭祖活动一直延续到20世纪。75岁的句容人张才波(音译)回忆说,1949年以前,每年清明扫墓时,都有自称"义台张氏"的人祭祖。地主张才发(音译)、张才波的父亲张长义(音译)以及各村张氏分支的代表会在宗族首领张映煌(音译,其子曾留学美国,回国后担任政府教育部门负责人)[47]的带领下,前往句容的一家大型造纸厂(现为一排小商店)举行仪式。[48]为什么是一家造纸厂?因为它位于义台街和现在的文化巷之间,就在现在发现的祠堂附近。

文德忠、翟忠华还与一位叫张任尧的七旬老人进行了交谈。老人告知，义台张氏（他们在明中叶采用了这一称谓）和义垄张氏（张观的后代）是同一家族。他们有一个通过叫陈武张氏的支系流传下来的故事：张观和他的兄弟被处死后，张家人把他们的尸体带回家，为他们制作了金头，以便将他们完整下葬。[49]1900年前后，南桥右侧的义垄还在。上面的三块石碑中，一块已被雷电击碎，另一块上的字都已看不清，但商辂为张谏撰写的墓志铭依然清晰可辨，正因如此杨世沅才可以将其抄录下来。[50]张氏兄弟俩也许还躺在那里。也许他们会被找到。[51]

　　明皇室的遗迹尚存。太祖所葬的圆形山丘上，有一座方城守卫着陵墓。雨水长期滴落在方城的石面上，形成了钟乳石。但张家也在历史上占有一席之地。明朝初年，一个自称是义台张氏一支的家族在芦江村新建了一座四进院落的大宅院。面阔五间、通长24米、进深11米的家祠，最近已被句容市博物馆确认。[52]这座建筑非常坚固，令人印象深刻，即使在"文化大革命"中也被保留了下来，用于存放拖拉机。芦江村的张元生告诉我，小时候每逢雨天，他和其他孩子就在厅房的楠木柱子间玩耍。他记得自己曾注意到雨水滴落在一块特别的石头上，事实上雨水已经朝那里滴落许多年了，以至于石头上都被侵蚀出了一个洞。在句容张家的故事中，辉煌的明朝仅仅是一个插曲。

结　语　明帝国的流动

现在，对开头提到的事件，我们的脑海中可以浮现出两种截然相反的解释。1372年，一位普通农民来到南京，怀着谦卑的忠诚，后背被太阳晒得黝黑，用"微不足道"的瓜向德高望重、权倾天下的天子献上敬意。或者是，绿宝石般的并蒂瓜，由显赫的，甚至神圣的句容张家的一位成员，赠送给了一位贫穷的句容淘金者的新贵孙子。也许张观献上嘉瓜时，怀着一种居高临下的姿态，心怀对张家社会地位的十足优越感，以示他自己以及句容对新统治者的认可。也许皇帝的反应——表扬他、给他钱、送他走——是想杀一杀他的锐气。这完全符合太祖多疑的性格，他后来发现这种温和的斥责是不够的。

1372年夏天张观园中产出的并蒂瓜被以不同的方式解读。在追溯这些解读的过程中，我将并蒂瓜及与之相关的文本视为一个例子，来说明朝廷与构成明帝国的或远或近的地方之间是如何通过人员、物产和文本的传递来沟通调解的——如税收、士兵和官员的调动——这样一些转移或许可以被视为单向的，是帝国剥削和控制的工具，仅此而已。用于建造明太祖陵墓的台基、墙壁和建筑的砖块，每块都刻有产地的县名、监修官员的姓名，有时还刻有具体工匠的姓名。这些砖块都是按标准尺寸从帝国各地征用的，其不同的颜色也说明了这一点。但也有一些物品是被主动呈献给朝廷的，比如张观的瓜。文本、物产和人员在朝廷和地方之间双向交流，这种不断的来回穿梭编织了一个强大的帝国网络。

　　都城是中心，但它不是唯一的中心。义台、祠山庙和包括义垄在内的其他张氏墓冢为人们提供了一个身份认同和情感寄托的空间焦点，这让不同的时代相互重叠，或至少将它们之间的距离缩到最小。然而，这种认同并不局限于当地，它的枝蔓延伸到处于不同时代和地点的朝廷，以及句容人生活和工作、句容的神明存在和显灵的其他地点。这并不意味着地方知识独立于中心存在，因为地方志将地方书写的有关嘉瓜故事的文本与中央书写的文本结合到一起。在该故事的不同版本所包含的具体内容中，国家钦定的文本，与之相关的更私人化的文本，以及当地人在当地背景下撰写的文本之间存在着不断的取舍。著述者们出于各自的目的讲述和重述这个故事——褒贬明太祖、陶凯、张氏兄弟，以及著述者们所处时代的各种人和事。

张家人自己也在流动。他们被认为是句容人，葬于句容。张逸的归乡是其身份认同的重要组成部分，而张谏的孝道也为句容人所称颂，因为他所引起的吉兆与唐代楷模张常洧的如出一辙。但张逸的漫长一生几乎都在流放和行旅中度过，而生于贵州的张谏也一生都在行旅中——求学、任官、接父归乡、奔丧。他作为地方美德、文化和学术的代表，从家乡流动到朝廷，超越了帝国存在的时间及其合法性；他也代表着中央朝廷，从一个职位调任至另一个职位。

中央和地方之间物产、人员和文本的不断交流，是由双方发起的，服务于双方的目的（但并非没有风险），并将整个帝国编织在一起。朝廷对张观嘉瓜的重视、对张常洧的尊崇、赐予张谏及其父母和妻子的封号、对祠山大帝的崇祀，都提高了张氏家族在当地的地位。进献嘉瓜、句容祠山大帝的微笑、张谏的忠心耿耿，都提高了君主的威望。最后，人们很容易站在一方或另一方的立场上，认为王朝最终占了上风，因为它可以使用暴力，能够笼络人才；或者认为地方传统和张氏家族比王朝延续得更加长久；又或者认为在句容，祠山大帝比朱家更尊贵。但是，无论做出这样的最终判断看起来多么诱人，更诚实的做法是将中央和地方视为密不可分、相互影响的。这个故事的每个读者和重述者都必须选择一种说法，在明代中国，中央和地方要么是两苗共秀，要么就是并蒂双瓜。

致谢

在开展这个研究项目的过程中,我非常有幸地体验到将历史文本与真实的地方和活生生的人联系起来的魔力。达拉斯商人费利克斯·陈(Felix Chen)给了我一笔赞助,让我得以在2004年春天前往南京和句容。句容人——从市长到记者再到餐馆老板们——都非常热情。我参观了当地的遗址,并与句容义台张氏后人交谈。看到一个外国女人研究他们的祖先,他们虽感到困惑,但又很高兴。接待我的是句容市博物馆馆长翟忠华和市文广旅局的文德忠。翟馆长慷慨地奉献了他的时间和学识,帮我检索市里的档案,并在重建的清代书院[1]里借给我一间漂亮的办公室,那里陈列着博物馆的碑刻、考古展品和传统农具。文先生的普通话（我需要一点时间去适应当地口音）以及他与姓张的陌生人交谈的意愿都是非常宝贵的。

除了这些新朋友，我还要感谢吴百益（Pei-yi Wu），他在大约13年[2]前帮我完成了明太祖《嘉瓜赞》的第一次翻译。最近，康笑菲帮我完成了本书中的一些翻译。我非常感谢兹维·本·多尔·贝尼特（Zvi Ben Dor Benite）、何丽安（Laurie Dennis，她正在写一部关于明太祖的小说[3]）、亚历克西斯·麦克罗森（Alexis McCrossen）、J. B. 施尼温德（J. B. Schneewind）、玛莎·舒尔曼（Martha Schulman）、布鲁斯·廷德尔（Bruce Tindall）和已故的魏家伦（Jaret Weisfogel）的仔细评论。我还要感谢美国亚洲研究协会西南会议（圣马科斯，2000年）、亚洲研究协会（圣地亚哥，2004年）和亚洲历史学家国际协会（台北，2004年）的同行们，特别是戴彼得（Peter Ditmanson），以及我的编辑德博拉·威尔克斯（Deborah Wilkes）。当然，书中如有错误，责任在我。

注　释

前　言

1. 《唐六典》卷 9；Denis Twitchett, *The Writing of Official History under the T'ang*, p.13。
2. Denis Twitchett, *The Writing of Official History under the T'ang*, p.13, 27–29, 10.
3. 有关朱元璋对中国的设想的更多细节，见 Edward L. Farmer, *Zhu Yuanzhang and Early Ming Legislation: The Reordering of Chinese Society Following the Era of Mongol Rule*。
4. Robert Ford Campany, *Strange Writing: Anomaly Accounts in Early Medieval China*, pp. 8–14.
5. Adam Nicholson, *God's Secretaries: The Making of the King James Bible*, pp. 140–141.
6. 对晚明时代的生动刻画，可见 Timothy Brook, *The Confusions of Pleasure: Commerce and Culture in Ming China* 和 Victoria Cass, *Dangerous Women: Warriors, Grannies, and Geishas of the Ming*。
7. 杨一凡：《明大诰研究》，江苏人民出版社，1988 年，第 153 页。
8. 〔明〕朱元璋：《御制大诰续编》，"解物封记第五十二"，收入《原国立北平图书馆甲库善本丛书》第 447 册，国家图书馆出版社，2013 年。

9 〔明〕朱元璋：《皇明祖训》，北京图书馆出版社，2002年；Edward L. Farmer, *Zhu Yuanzhang and Early Ming Legislation*, p.121。范德（Edward L. Farmer）还翻译了这位明朝奠基者的很多其他著述。

10 〔明〕朱元璋：《皇明祖训》；*Zhu Yuanzhang and Early Ming Legislation*, pp. 122–124。

11 〔唐〕班固撰，〔唐〕颜师古注：《汉书》卷56《董仲舒传》，中华书局，1962年；Tiziana Lippiello, *Auspicious Omens and Miracles in Ancient China*, p. 247。

12 《景泰六年灾沴告泰山文》；Jordan Paper and Laurence G. Thompson ed., *The Chinese Way in Religion*, pp. 179–180。

13 Erik Zürcher, "Forward," in Lippiello, *Auspicious Omens and Miracles*.

14 Kuan Han-ch'ing, "The Injustice Done to Tou Ngo," in Liu Jung-en, *Six Yuan Plays*.

15 Wolfram Eberhard, "The Political Function of Astronomy and Astronomers in Han China," in John K. Fairbank, ed., *Chinese Thought and Institutions*. Chicago: University of Chicago Press, 1957, p. 41, 52–53, 69. 艾伯华（Wolfram Eberhard）用星象学实践来评估中国的专制主义。他就预兆或者说恶兆（因为他研究的汉代记录中很少有吉兆）提出了以下几点看法：（1）人们认为自然界的反常现象与坏事有关；（2）历史学家对预兆的解释有时与其发生时得到的解释不同；（3）历史学家和理论家使用了各种各样的解释方法，对同一预兆往往给出迥异的解释；（4）预兆可能被认为涉及皇帝以外的其他朝廷成员,并可能导致对他们的肉体惩罚;(5)预兆可能被朝廷中的一派用来攻击另一派;(6)鉴于这些,以及预兆有时是被捏造的(他发现12次日食中有5次是捏造的),肯定有一些人根本不相信它们。

16 〔清〕徐松辑:《宋会要辑稿》第二册,礼六一,中华书局,1957年,第1691页。Translated in Mark Elvin, "Female Virtue and the State in China," p. 118.

17 〔明〕冯梦龙:《月明和尚度柳翠》,收入氏编,许政扬校注:《喻世明言》,人民文学出版社,1958年。Translated in Shuhui Yang and Yunqin Yang, *Stories Old and New: A Ming Dynasty Collection*. Seattle: University of Washington Press, 2000, p. 512.

18 Lothar Ledderose. *Ten Thousand Things: Module and Mass Production in Chinese Art*. Princeton: Princeton University Press, 2000, p. 177.

19 Cynthia J.Brokaw, *Ledgers of Merit and Demerit: Social Order and Moral Order in Late Imperial China*. Princeton: Princeton University Press, 1991.

20 〔明〕冯梦龙:《张古老种瓜娶文女》,收入氏编,许政扬校注:《喻世明言》,人民文学出版社,1958年。Translated in Yang and Yang, *Stories Old and New*, pp. 575-576.

21 即马丁·德·拉达(Martin de Rada),实为西班牙人。——译者注。

22 Fr. Martinde Rada, O. E. S. A., *Relation of the Things of China, Which Is Properly Called Taybin*. Translated in Boxer, *South China in the Sixteenth Century*. 原书为拉丁文,出版于1575—

1576年。

23 Robert Ford Campany, *Strange Writing: Anomaly Accounts in Early Medieval China*. Albany: State University of New York Press, 1996. p. 190, 305–306, 351–357.

24 Chan, Hok-Lam（陈学霖）, "The Rise of Ming T'ai-tsu (1368–1398): Facts and Fictions in Early Ming Official Historiography," *Journal of the American Oriental Society,* 95.4 (1975), p. 708.

25 Erik Zürcher, "Forward," in Lipiello, *Auspicious Omens and Miracles.*

26 Ellen Johnston Laing, *Art and Aesthetics in Chinese Popular Prints: Selections from the Muban Foundation Collection*. Ann Arbor: Center for Chinese Studies, University of Michigan, 2002.

第一章 嘉瓜

1 有两本书在开篇即对明朝皇帝的日常生活进行了引人入胜的详细描述，所以我就不再重复了。关于明初皇帝的，可见 Tsai, Shih-shan Henry, *Perpetual Happiness: The Ming Emperor Yongle*. Seattle: University of Washington Press, 2001；关于明后期皇帝的，可见 Huang, Ray, *1587: A Year of No Significance: The Ming Dynasty in Decline*. New Haven: Yale University Press, 1981。

2 《礼记·曲礼》载："为天子削瓜者副之，巾以绨。为国君者华之，巾以绤。为大夫累之，士疐之，庶人龁之。" Translated in Thompson, Laurence G., *Chinese Religion: An Introduction (third edition)*. Belmont: Wadsworth, 1979, p. 39.

3 〔明〕朱元璋：《嘉瓜赞》，收入《明太祖御制文集》，台湾学生书局，1965年；亦收入钱伯城等编：《全明文》第一册，上海古籍出版社，1992年。这篇序，或者说文章，有454字，赞诗有100字。英文译文出自我本人，除非另有说明。关于太祖的《嘉瓜赞》、他命令宋濂写的《嘉瓜颂》，以及他对本土文学的影响，见饶龙隼：《明初诗文的走向》，《江西师范大学学报（哲学社会科学版）》2001年第2期。

4 关于解缙在《明太祖实录》中的作用，见 Chan, Hok-Lam, "Xie Jin (1369–1415) as an Imperial Propagandist: His Role in the Revisions of the Ming Taizu Shilu." *T'oung Pao* 91: 58–124。

5 〔明〕李景隆等：《明太祖实录》卷74，收入《明实录》第1—8册，台湾"中央研究院"历史语言研究所影印，据国立北平图书馆藏红格钞本，1966年。共224字，没有赞词，也没有提到赞词。解缙一定掌握了宫廷记录，因为他提到的一个事实在太祖的《嘉瓜赞》和宋濂的《嘉瓜颂》中都没有出现。由于历史编纂的职责被分配给了翰林院，官方记录有可能是在宋濂的要求下撰写的；又或者，这份宫廷记录可能是第二年编纂的《大明日记》的一部分。Franke, Wolfgang, "Historical Writing during the Ming," in Mote and Twitchett, eds., *Cambridge History of China,* Volume 7.741.

6 关于明初政府结构的概述，可见 Hucker Charles O. Hucker, *A Dictionary of Official Titles in Imperial China,* pp. 70–82。

7 关于朱元璋对国家和社会的计划，见 Farmer, *Zhu Yuanzhang and Early Ming Legislation*。

8 Twitchett, *The Writing of Official History Under the T'ang,* p. 86.

9 Dardess, *Confucianism and Autocracy*, p. 170.

10 〔明〕宋濂：《嘉瓜颂》，收入〔明〕程敏政编《明文衡》卷19，《影印文渊阁四库全书》第1373册，北京出版社，2012年，第725—728页。其中序525字，颂224字。另见（梁）沈约：《宋书》卷29《符瑞志》，中华书局，1974年，第833—834页。沈约在描述时用了"嘉瓜""同蒂""异体"等词。

11 〔唐〕韩愈：《奏汴州得嘉禾嘉瓜状》，收入氏著，马其昶校注：《韩昌黎文集校注》，台湾世界书局，1960年，第426页。

12 〔明〕宋濂：《嘉瓜颂》。

13 〔明〕宋濂：《嘉瓜颂》。

14 关于汉代把征兆用来宣传，见 Wu Hung（巫鸿）, *The Wu Liang Shrine: Ideology of Early Chinese Pictorial Art*, p. 96；关于用实现太平来奉承皇帝，见 Michael Loewe, "The Cycle of Cathay-Concepts of Time in Han China and Their Problems," p. 314。

15 Chan, "The Rise of Ming T'ai-tsu," p. 709. 关于对太祖神迹的描述，以及对其与实录关系的思考，还可见 Chan, "Xie Jin as Imperial Propagandist," pp. 86–121.

16 Goodrich and Fang, *Dictionary of Ming Biography*, 1391. 关于汉代皇帝鼓励呈报吉兆，见 Wu Hong, The Wu Liang Shrine, p. 96。

17 关于这些官员的身份和命运，见 Goodrich and Fang, *Dictionary of Ming Biography*, pp. 639–640, 853, 1228–1229, 1389–1392; Dreyer, *Early Ming China*, pp. 98–100; Franke, "Historical Writing during the Ming," p. 778; 以及〔清〕张廷玉等：《明史》卷105《功臣世表一》（这本身就是太祖残忍迫害亲信

的生动见证——大多数功臣世家只有第一代被记录下来，接下来的则是几页空白，而这里原本应该是后继有人的）、卷109、卷127《汪广洋传》、卷196《陈宁传》，中华书局，1974年。

18 〔明〕解缙：《大庖西室封事》，收入氏著：《文毅集》，台湾商务印书馆，1973年。Translated in Langlois, "The Hung-wu Reign," p. 156.

19 "瓜蔓抄"这个词最早描述的是永乐皇帝夷灭行刺者景清的全族和朋邻乡里，景清在行刺后还口含鲜血喷溅了永乐皇帝一身。"瓜蔓抄"既让人联想到受害者与叛逆者之间的微弱联系，也让人联想到迫害迅速向四面八方蔓延。Goodrich and Fang, Dictionary of Ming Biography, p. 249.

20 〔明〕李景隆等：《明太祖实录》卷74。

21 Li, Ming Taizu, pp. 1–2.

22 例如〔明〕刘辰《国初事迹》："太祖尝曰：'濠州乃吾家乡。'"收入《中国野史集成》，巴蜀书社，1993年，第629页。

23 Farmer, Early Ming Government: The Evolution of Dual Capitals, pp. 48–53.

24 Gaspar da Cruz, "Treatise in Which the Things of China Are Related at Great Length... ," p. 56.

25 〔明〕宋濂：《嘉瓜颂》。

26 Cleaves, "The Memorial for Presenting the Yuan Shih," p. 64. 柯立夫（Francis Woodman Cleaves）认为"瓜分"本义是收获后留在地里晾晒的瓜，但这仅仅指瓜类很容易切片食用，尤其是那些有条纹、棱或裂开的瓜。1895年后，当日本和西方国家"争夺租借地"时,"瓜分"国土的比喻再次出现了。即使在清朝灭亡、民国建立后,外国列强仍继续蚕食中国领土。1934年,日本占领了中国东北。许多知识分子感到沮丧,他们认为自己的同胞对民族屈辱漠不关心。作家丰子恺——他的选集作者称他是一位重生到20世纪的中世纪乡村佛教徒——写了一篇题为"吃瓜子"的讽刺文章。他解释说,年轻男子可以一手夹着一支香烟,一手抓着瓜子,嘴巴发出"格""呸"的声音;而年轻女子吐瓜子壳的姿态尤其美妙。这种消磨时间的绝佳方式是中国人的专长,日本人无法做到。"具足以上三个利于消磨时间的条件的,在世间一切食物之中,想来想去,只有瓜子。所以我说发明吃瓜子的人是了不起的天才。而能尽量地享用瓜子的中国人,在消闲一道上,真是了不起的积极的实行家!试看糖食店、南货店里的瓜子的畅销,试看茶楼、酒店、家庭中满地的瓜子壳,便可想见中国人在'格''呸'的声音中消磨去的时间,每年统计起来为数一定可惊。将来此道发展起来,恐怕是全中国也可消灭在'格''呸'的声音中呢。" Feng, "Eating Melon Seeds," p.195. 在民国,承担灾祸责任的不是统治者个人,而是全体人民。

27 〔明〕宋濂:《嘉瓜颂》。

28 Langlois, "The Hung-wu Reign," 100, 103, 129. Rossabi, "Ming Foreign Policy: The Case of Hami," p. 83. 不过,中原地区种瓜由来已久。13世纪初的《嘉泰吴兴志》中就记载了离南京和句容不远的湖州种植的瓜。作者写道,有些瓜可以生吃,因此它们很可能与献给太祖的瓜类似。

29 Farmer, *Zhu Yuanzhang and Early Ming* Legislation, p. 47.

30 〔明〕朱元璋:《皇明祖训》;另见 Farmer, *Zhu Yuanzhang and Early Ming Legislation*, p. 121。

31 de Crespigny, *Portents of Protest in the Later Han Dynasty*, p.15. 又可见 Wu, *The Wu Liang Shrine*, pp. 94–10。

32 Cheng, "What Did It Mean to be a Ru in Han Times?" p. 110. Wu, *The Wu Liang Shrine*, p. 96, 102.

33 Zhu Yuanzhang, "The August Ming Ancestral Instruction," in Farmer, *Zhu Yuanzhang and Early Ming Legislation*, p. 121. 艾伯华认为,汉代的十二次日食中有五次是编造的,主要是政客和史官为了批评皇帝或攻击朝中的敌对派别而编造的。见 Eberhard, "The Political Function of Astronomy," p. 50, 53。

第二章 帝言

1 〔明〕宋濂:《嘉瓜颂》。

2 Wu, *The Wu Liang Shrine*, p. 94.

3 Eberhard, "The Political Function of Astronomy and Astronomers in Han China," p. 47.

4 我想,为了方便讨论,我们可以合理地相信,太祖在他的文章中所写的大部分内容,实际上此前已经对众大臣说过。《明太祖实录》的编纂者可以把太祖写下的文字追加到当时的对话中。但宋濂也记录了太祖所说的部分内容,我相信宋濂的文章是在最初的讨论之后不久写的,可能是在他看到太祖的文章之前,也许是在太祖的文章写出来之前。

5 《礼记·月令》。

6 关于科举考试制度,见 Miyazaki, *China's Examination Hell*, 以及

7 〔明〕朱元璋：《嘉瓜赞》。

8 Farmer, *Zhu Yuanzhang and Early Ming Legislation,* p. 43. 明太祖假托一位谒者之口说了这番话。（语出朱元璋《资世通训》。——译者注）

9 〔明〕朱元璋：《嘉瓜赞》。

10 〔明〕朱元璋：《嘉瓜赞》。

11 关于清朝皇帝对这种直接交流的感觉以及他们对天象好坏的道德责任的解释，伊懋可有过精彩讨论，见 JMark Elvin, "Who Was Responsible for the Weather? Moral Meteorology in Late Imperial China"。

12 Langlois, "The Hung-wu Reign," p. 108.

13 Ho, "Ideological Implications of Major Sacrifices in Early Ming," pp. 61–62.

14 〔明〕李景隆等：《明太祖实录》卷74。

15 解缙在《明帝典题词》中写到了太祖对征兆的类似谦虚态度，见氏著：《文毅集》卷16，第3a页。

16 〔明〕李景隆等：《明太祖实录》卷74。

17 Eberhard, "The Political Function of Astronomy and Astronomers in Han China," p. 54.

18 〔明〕朱元璋：《嘉瓜赞》。

19 Robert Ford Campany, *Strange Writing-Anomaly Accounts in Early Medieval China,* p. 335.

20 〔明〕朱元璋：《嘉瓜赞》。

21 只有《明太祖实录》记载了这一点，说明解缙当时参照了一个不同的底本。

22 关于洪武年间地方秩序的建设,见 Sarah Schneewind, "Visions and Revisions-Villiage Policies of the Ming Founder in Seven Phases"。

23 〔明〕解缙:《文毅集》卷16,第3a页;Chan, "The Rise of Ming T'ai-tsu," pp. 708–709。

24 Chan, "Xie Jin as Imperial Propagandist: His Role in the Revisions of the Ming Taizushilu," p. 85.

25 2004年与戴彼得(Peter Ditmanson)的私人交流。

26 Dardess, *Confucianism and Autocracy,* 263-264. 傅吾康(Franke Wolfgang)写道:"《明太祖实录》的一些编纂者表达其个人观点的机会主要在于选择一些文献而抛弃另一些。这样一来,事实和事件可能被严重歪曲。此外,文献可以被故意浓缩,而与原义相去甚远。"见其 "Historical Writing during the Ming", p. 747。

27 Chan, "Xie Jin as Imperial Propagandist," p. 81.

28 Campany, Strange Writing, p. 13.

第三章　句容

1 省级行政区划并不稳定,见 Hucker, "Ming Government," pp. 11-14。关于南直隶,见 Heijdra, "The Socio-Economic Development of Ming Rural China," p. 57。关于句容,见句容县志地方志编纂委员会:《句容县志》,江苏人民出版社,1994年,第128页。

2 我所使用的宋濂《嘉瓜颂》的版本没有提到府尹的姓氏,

但我发现万历《应天府志》中记载了他的姓氏。张遇林在1372—1374年担任府尹（后来在建文时期又担任过），并表示其依据是《嘉瓜颂》（〔明〕程嗣功修，〔明〕王一化纂：万历《应天府志》，南京出版社，2011年，第1—2页）。据嘉庆《重修扬州府志》（卷37，第52a页）记载，张遇林是庐州人，早前曾担任明朝的泰州知府。

3　孙正容：《朱元璋系年要录》，浙江人民出版社，1983年，第225页。

4　Campany, *Strange Writing*, pp. 8–14.

5　《大明律》第105条。在句容当地，有一块1808年（嘉庆十三年）的石碑记录了10个村庄订立的一份禁约，内容包括禁止让自己家的牛吃别人家的粮食、在寺庙里睡觉或吃饭、从田里偷粮食或从池塘里偷鱼等。第6条规定，偷窃瓜果、蔬菜或植物，处以二两银子的罚金。该碑现存于句容市博物馆，即位于葛仙湖公园内重建的华阳书院。

6　Loewe, "China," p. 39.

7　Strickmann, "The Maoshan Revelations," p. 60.

8　冬瓜对人也是有益的。而色正白的越瓜和黄色的胡瓜（黄瓜）则似乎没有特殊的力量。见〔明〕王圻：《三才图会》，台湾成文出版社，1970年，第2506页。

9　Chan, "Xie Jin as Imperial Propagandist," p. 90.

10　Langlois, "The Hung-wu Reign," p. 174; Chan, "The Chien-wen, Yung-lo, Hung-hsi, and Hsüan-te Reigns, 1399–1435," p. 272.

11　〔清〕曹袭先纂修：乾隆《句容县志》，南京出版社，2020年，第89—90、93页。县志记载，物产之丰证明了当地土地之珍奇。灵芝是一种流行的象征，木制或玉制的权杖常常做成灵芝的样子，称为如意。许多博物馆的藏品中都有如意，绘画和印刷品中也有描绘。

12 在明代，嘉瓜也出现在其他地方。雍正《陕西通志》（〔清〕刘于义修，〔清〕沈青崖纂：雍正《陕西通志》卷47，凤凰出版社，2011年，第69页）记载，根据纪传体史书《名山藏》，1432年（宣德七年）8—9月，陕西接连出现了嘉禾和嘉瓜。乾隆《贵州通志》卷37收录了王训的《嘉瓜颂》，内容也是关于贵州出现嘉瓜。文中直截了当地赞美大明，包括皇帝和大臣，因为他们的仁慈统治给万方带来了盛大的和平。作者认为这一切，甚至包括出产嘉瓜的天气，都取决于皇帝的德行。

13 〔明〕朱元璋：《谕句容县民令》，载钱伯城等编：《全明文》第一册，第300页。

14 〔清〕曹袭先纂修：乾隆《句容县志》卷10，第9页。

15 〔明〕王直：《画苑记》。Translated in Dardess, A Ming Society, p. 38.

16 〔清〕王僖修，〔清〕程文纂辑：弘治《句容县志》卷6，南京出版社，2020年，第3页；〔清〕曹袭先纂修：乾隆《句容县志》卷7，第30a页；〔清〕张绍棠修，〔清〕萧穆等纂：光绪《续纂句容县志》卷18中，南京出版社，2020年，第47a页。乾隆《句容县志》称，这块石碑立在儒学明德堂内。见 Tiziana Lippiello, *Auspicious Omens and Miracles in Ancient China*，第二章论及自然世界反映了当政者的美德。

17 〔清〕王僖修，〔清〕程文纂辑：弘治《句容县志》卷6，第20—25页。关于王韶，见卷6，第32页；关于知县的名字和任期，见卷3，第4页；关于他们的传记，见卷6，第5—7页，不过他们的为官活动见于县志各处。另有一首诗纪念王知县祈雨成功。关于徐广，见〔清〕曹袭先纂修：乾隆《句容县志》卷6，第6页及之后。

18　杨世沅重印的只有文字，不包括图像，但他排好了页面以说明图像的构图：竹在右上方，瓜在左下方，谷在更左、更高的位置。他还交代了石碑的尺寸和特点。见〔清〕杨世沅记：《句容金石记》卷5，收入《石刻史料新编》第二辑，台湾新文丰出版股份有限公司，1979年，第18—19页。

19　〔清〕张绍棠修，〔清〕萧穆等纂：光绪《续纂句容县志》卷18中，第47a页。

20　Laing, *Art and Aesthetics in Chinese Popular Prints,* pp. 84–85.

21　〔明〕倪谦：《已山先生张公哀辞并序》，收入氏著：《倪文僖集》卷30，孔氏岳雪楼影抄文澜阁四库本。

22　Dardess, A Ming Society, p. 17.

23　这几个因为推荐而获得官职的人里，有一个人姓张，见〔清〕曹袭先纂修：乾隆《句容县志》卷8，第22页。"投瓜报玉"一词出自《诗经·国风·木瓜》，说的是爱人之间用木瓜换美玉。这个词的意思是用微薄之物换取珍贵之物。

24　杨世沅《句容金石记》（卷7）收录了《御制嘉瓜》，即朱元璋的《嘉瓜赞》，落款为洪武五年六月廿八，并附有从县志中抄录的《五伦书》中的文本（见第6章）。弘治《句容县志》卷7制词部分收录了这篇文章，也表明它被刻在了碑上。光绪《续纂句容县志》也列出了这篇碑文，但是并没有说它还存在，尽管其中收录的130篇明代碑文中有59块仍然存在。

第四章　张家

1　Dardess, Confucianism and Autocracy, p. 259.

2　〔清〕王僖修，〔清〕程文纂辑：弘治《句容县志》卷6，第51页。张观儿子张逸于1453年左右去世，享年约83岁，他的伯父和父亲被处决时，他已经接近20岁了，因此可以推测该事件大约发生在1390年。"张观墓在县南三里许南桥义垄"，见康熙《句容县志》卷2，第40—41页。

3　例如，张谏的四个儿子张恢、张恺、张恬、张憼，他们的单名中都有树心旁，贡士张憁、张惊也是（〔清〕王僖修，〔清〕程文纂辑：弘治《句容县志》卷6，第37、40页）。张恒因为捐粟而被授以冠带，张孟淳、张孟甫兄弟也是（〔清〕王僖修，〔清〕程文纂辑：弘治《句容县志》卷6，第59—60页）；他们可能与张谏和他的哥哥是同一辈人，张谏字孟弼，他的哥哥名不详，字孟昭。

4　Shun-yee Ho（何洵怡），"Plant Symbolism in the Religious Poems of the Book of Poetry," p. 166.

5　（汉）佚名：《孤儿行》。Translated in Jiang, Mianmian si yuan dao, 93ff.

6　律法禁止兄弟在父母生前分家，但人们并不总是遵守。见Article 93, "Establishing Separate Household Registration," of Jiang, *The Great Ming Code*。关于分家，见 Wakefield, *Household Division and Inheritance in Qing and Republican China*。关于这种嘉奖，见 Elvin, "Female Virtue and the State in China," p. 126。

7　〔明〕李景隆等：《明太祖实录》卷1。Translated in Chan, "Xie

Jin as Propagandist," p. 87.

8 《张氏族谱》，清道光间刊，藏于句容县档案馆，第29页及之后。

9 根据明朝律法，被终身流放的罪犯的妻妾必须跟随他，但他的父亲、祖父、儿子和孙子不必如此。《大明律》（第15条）没有谈到兄弟陪同流放的情况。见 Jiang, The Great Ming Code。

10 白馥兰（Francesca Bray）认为，在某些情况下，打掉胎儿实际上可能是一个士绅之妻的责任。她还讨论了性别分离问题，包括工作和地位问题，以及家庭的物理空间和精神空间。见 Francesca Bray, *Technology and Gender: Fabrics of Power in Late Imperial China,* part 3。

11 孙氏的传记见1900年（光绪二十六年）重印的乾隆《句容县志》卷9，第2—3页；张谏为贞妇王氏所写的传记在第847页。弘治《句容县志》收录有同样的传记——除了谭氏的，文字略有差别，见卷6，第54页及之后。

12 〔明〕倪谦：《已山先生张公哀辞并序》。

13 〔清〕王僖修，〔清〕程文纂辑：弘治《句容县志》卷6，第51页。这件事应当发生在明朝初年，因为下一代中有一人在永乐皇帝时中了进士。

14 Smedley, *The Great Road,* pp. 15-17.（此处引文见〔美〕艾格尼丝·史沫特莱著，梅念译：《伟大的道路——朱德的生平和时代》，东方出版社，2005年，第18—19页。——译者注）

15 Smedley, The Great Road, p. 9, 12.

16 〔清〕张廷玉等：《明史》卷282《范祖干传》，第7223页。范祖干奉养父母，使他们都活到了80多岁，但是他家中贫苦，无法安葬他们，不得不依靠邻里的帮助。

17　David S. Nivison, "Aspects of Traditional Chinese Biography," *The Journal of Asian Studies* 21.4 (1962), p. 463.

18　〔明〕商辂：《太仆张公神道碑》，载〔清〕王僖修，〔清〕程文纂辑：弘治《句容县志》卷11，第63—64页。

19　〔明〕倪谦：《巳山先生张公哀辞并序》。

20　〔清〕曹袭先纂修：乾隆《句容县志》卷9，第46b页。

21　〔明〕商辂：《太仆张公神道碑》。

22　〔清〕曹袭先纂修：乾隆《句容县志》卷1，第17b页。

23　〔明〕赵耀、〔明〕董基合纂修：万历《莱州府志》卷2，东莱赵氏永厚堂版，第7页。张谏从1468年至1471年在莱州任官，见〔明〕过庭训纂集：《本朝分省人物考》卷115，台湾成文出版社，1971年，第3页。〔明〕刘吉等：《明宪宗实录》卷91，收入《明实录》第39—50册，台湾"中央研究院"历史语言研究所影印，据国立北平图书馆藏红格钞本，1966年，第1764页，成化七年五月。当然，《明实录》中也有关于他晋升的记载，例如〔明〕陈文等：《明宪宗实录》卷175，收入《明实录》第22—38册，台湾"中央研究院"历史语言研究所影印，据国立北平图书馆藏红格钞本，1966年，第3386页。

24　〔明〕朱元璋：《御制大诰》第24条，收入《原国立北平图书馆甲库善本丛书》第447册，国家图书馆出版社，2013年。Translated in Dardess, *Confucianism and Autocracy,* p. 231.

25　〔明〕朱元璋：《御制大诰续编》第7条。Translated in Dardess, Confucianism and Autocracy, p. 234.

26 da Cruz, "Treatise in Which the Things of China Are Related at Great Length ... ," pp. 147–148.

27 Chan, "Xie Jin as Imperial Propagandist," p. 77.

28 Huang, *1587: A Year of No Significance*, 21ff.

29 Kutcher, *Mourning in Late Imperial China*.

30 〔清〕陈田辑：《明诗纪事》乙签·卷17，台湾中华书局，1971年。张谏的儿子张恢因为恩荫而被授予湖广黄州府通判，见〔清〕曹袭先纂修：乾隆《句容县志》卷8，第25页。这样的吉兆并不是张谏独有的。张谏死后几年，明朝一位宗室成员同样非常孝顺，其父的墓上出现了不同的吉兆，包括一蒂双实的嘉瓜。见西安市文物保护考古所：《西安南郊皇明宗室汧阳端懿王朱公鏳墓清理简报》，《考古与文物》2001年第6期；又见〔明〕李东阳等：《明孝宗实录》卷181，收入《明实录》第51—60册，台湾"中央研究院"历史语言研究所影印，据原国立北平图书馆藏红格钞本，1966年，弘治十四年十一月壬午。有资料显示，"瑞鸟"一词可以指有功之臣，这用来指代张谏特别合适。见朱五义注，冯楠校：《王阳明在黔诗文注释》，贵州教育出版社，1996年，第20页。

31 〔清〕万斯同：《明史稿》卷392《孝友传》，国家图书馆出版社，2014年，第15b页。

32 〔明〕商辂：《太仆张公神道碑》。

33 〔明〕徐渭：《杂品》，收入氏著：《徐渭集》，中华书局，1983年，第410页。我与赖凯玲（Kathleen Ryor）的私人交流，2006年2月17日。

34 〔明〕谢东山等纂修：嘉靖《贵州通志》卷9，收入《天一阁藏明代方志选刊续编》第68—69卷，上海书店，1990年，第37页。张伯安（张逸）是其中赤水卫条目下"本朝"第一个人。小传写道："卫人。读书好义，以孝友清俭为时所重，后以子官封监察御史。张谏，伯安子也。富文学，有雄思。任监察御史，风裁凛然。官太仆，乡以廉能闻。"

35　〔清〕陈田辑：《明诗纪事》乙签·卷17。陈田介绍张谏是"洪武中进嘉瓜张观后裔也"。

36　〔明〕过庭训：《本朝分省人物考》卷12，第27页；卷115，第3页。这两段文字中的"谏"字写法略有不同，但"孟弼"两字是相同的，这可能也是万斯同关于张谏的资料来源。何出光汇编的明代御史名录《兰台法鉴录》也将张谏列为贵州赤水卫人，但对其家庭情况只字未提。

37　〔清〕陈田辑：《明诗纪事》乙签·卷17。

38　《明清进士题名碑录索引》中说他是句容人，但属于军籍。《明宪宗实录》（卷91，第1764页）中也说他是句容人。

39　陈镐简短的《太仆寺卿张公谏传》写道："洪武初，园产嘉瓜，祖谷宾献之。"提到太祖的赞和宋濂的颂之后，接着写道："无何，以弟谷恭得罪，家崇山，再徙赤水。"陈镐并不关心张家获罪是否是冤案——如《句容县志》所认为的那样，也不关心处决是在进献嘉瓜之后20年后才发生的。见〔明〕焦竑辑：《国朝献征录》卷72，收入《原国立北平图书馆甲库善本丛书》第243—251册，国家图书馆出版社，2013年，第5页。焦竑也收录了张谏的实录版传记，其中提到了流放但没有提到嘉瓜。

40　〔清〕王僖修，〔清〕程文纂辑：弘治《句容县志》卷5，第 26 页。列出的祭祀名单中有张逸和张谏。每年祭祀两次。成化七年（1472 年 1 月 23 日），皇帝要求应天府祭祀张谏，见〔清〕王僖修，〔清〕程文纂辑：弘治《句容县志》卷 7，第 34 页。对张逸的祭祀可能也始于此时。

41　商辂为张谏所写的碑文明确说道："诸子奉柩南还，将卜以是年冬十二月乙酉，葬于邑南福祚乡义垄。"倪谦为张逸写的哀辞也提到葬于此处。康熙《句容县志》（卷 2，第 40—41 页）中分开列出了张观兄弟和张谏的墓址，但是它们都在城南义垄。

42　宋代以前，孔庙地处一个后来被认为不好的地方，而且因为前任知县失职，当地没有学校，导致"恶习"产生。（清）杨世沅辑：《句容金石记》卷 4，第 6 页。

43　〔清〕曹袭先纂修：乾隆《句容县志》卷 4，第 5 页。〔清〕王僖修，〔清〕程文纂辑：弘治《句容县志》卷 5，第 4b 页，"义台"；卷 5，第 26 页，张常沔在乡贤祠中的位置；卷 6，第 48b 页，有张常沔传记。县志中还多次出现一位宋代孝子张孝友，有墓址记载，但他是县城以北移风乡人。关于张常沔的记载还见于〔明〕李贤、〔明〕万安等：《大明一统志》卷 6，国家图书馆出版社，2009 年，第 42b 页；〔明〕闻人诠修，〔明〕陈沂纂：嘉靖《南畿志》，收入《北京大学图书馆藏稀见方志丛刊》第 100—104 册，国家图书馆出版社，2013 年，第 316 页；〔明〕程嗣功修，〔明〕王一化纂：万历《应天府志》，南京出版社，2011 年，卷 30 第 8a 页，卷 21 第 45b 页。

44　〔明〕宋濂：《戴亭张氏谱图记》。——译者注

45 〔清〕杨世沆记:《句容金石记》卷1第2页,卷8第10、21—22页。《句容金石记》显示,唐宋时期有许多关于张常洧的碑铭,但到了明中期一度中断,直到王绅"在一片空地上注意到了一位当地名士的遗迹",并联络句容名人王暐询问此事。

46 《义台张氏家乘》,清同治坐月楼木刻活字印本,第35—36、95、130页。张氏族谱序言中首次使用"义台"一词,是指以"义台"为名的街道。1409年,一位族人为他重修的族谱写了一篇序言。他动情地解释说,他已故的父亲被其养父收养,进入了义台街的朱家。没有儿子的男子或其遗孀收养一个孩子以传宗接代和祭祀祖先是很常见的,尽管在法律和儒家思想中,这个孩子应该是同姓,而且最好是侄子。这位作者的父亲奉其养父之命改姓朱,与朱家人一起住在义台街。作者对此一无所知,直到有一天他的父亲牵着他的手来到县城东边的戴亭村,告诉他说:"这就是我世代居住之所。"虽然在法律上和道义上他的父亲已经是朱家人了,但父亲从未停止过对戴亭的思念,并嘱咐作者要记住这一点。作者显然抛弃了收养他父亲的朱家这一脉。他在张氏宗祠祭祀父亲,并对家谱产生了浓厚的兴趣。可以想象,当一位张氏叔父在一所废弃房屋的砖块中偶然发现了一份老族谱,他该有多么欣喜!在这份最初的族谱中,"义台"是一个放逐之地,而非家园。

47 〔清〕杨世沆记:《句容金石记》卷1第2页,卷8第10、21—22页。

第五章 神笑

1 〔明〕张铨：《国史纪闻》卷1，上海古籍出版社，2018年，第1页。"高皇帝之先，江东句容人。"明初《朱氏世德碑记》开头就承认了这个家族来自句容。那个地方叫通德乡，得名于宋代的一个贤人君子以道德教化了当地百姓。

2 〔清〕王僖修，〔清〕程文纂辑：弘治《句容县志》卷4，第9b页。

3 〔清〕曹袭先纂修：乾隆《句容县志》卷1第7页，卷3第18页。

4 句容市地方志办公室、句容市文化体育局编：《句容民间故事》，江苏古籍出版社，2001年，第48页。

5 李唐：《明太祖》，香港宏业书局出版社，1961年，第1—2页。

6 〔明〕朱元璋：《朱氏世德碑记》，收入乾隆《句容县志》卷10，南京出版社，2020年。Translated in Chan, "Xie Jin as Propagandist," p. 89.

7 〔明〕陆容：《菽园杂记》卷3，中华书局，1985年，第26页。陆容是从一个凤阳人那里听来的。

8 太祖的后人对句容再无兴趣，尽管当地至少有过一次贴近皇帝的尝试。1532年，句容人王暐——大约在同一时间，句容知县王绅在发现义台遗迹后，也向他求助以恢复义台遗址——上疏称该地有一处特殊的墓地，嘉靖皇帝遂命令一些官员前往调查。调查的官员报告称，当地有龙爪树、几块朱家的石碑和一些简陋的坟墓，并说这里现在是一位姓杨的农户在耕种，约5亩田地。嘉靖皇帝不以为然，此事不了了之。〔明〕朱国祯：《涌幢小品》卷6，中华书局，1959年，第1—2页；〔明〕谈迁：《枣林杂俎》卷1，收入《笔记小说大观》，台湾新兴书局，1962年，第1页。

9 明太祖的外祖父是个算命先生，曾抗击过元军南侵。关于外祖父对明太祖的影响，见 Mote, "The Rise of the Ming Dynasty," p. 44。

10 中山陵园管理局、南京孝陵博物馆编：《明孝陵志新编》，黑龙江人民出版社，2002年，第219页。

11 Xiaoling Museum of Nanjing, *Xiaoling Tomb of the Ming Dynasty*, p. 79.

12 〔明〕谈迁：《孝陵夜哭》，收入氏著：《枣林杂俎》。

13 1586—1587年的石碑，抄录于〔清〕胡有诚修，〔清〕丁宝书等纂：光绪《广德州志》卷13，凤凰出版社，2010年，第14b页。万历《句容县志》的纂修者注意到太祖对句容山水的类似反应，并引用了永乐皇帝立的一块碑，碑文描述了太祖对句容形胜的祥瑞景象留下了深刻印象（万历《句容县志》序，抄录于乾隆《句容县志》）。

14 〔清〕曹袭先纂修：乾隆《句容县志》卷10，第30—32页。太祖还在梦中向另一位神祈求保佑和指引，见 Taylor, "Ming T'ai-tsu's Story of a Dream" 和 Chan, "Xie Jin as Propagandist," pp. 100–102。

15 〔元〕周秉绣辑，〔清〕周宪敬重辑：《祠山志》卷46，收入《中国道观志丛刊续编》第8册，广陵书社，2004年，第479页。

16 〔清〕胡有诚修，〔清〕丁宝书等纂：光绪《广德州志》卷13，第11页及之后；〔清〕黄教镕、〔清〕黄文桐修，〔清〕陈保真、〔清〕彭日晓纂：光绪《龙阳县志》卷8，江苏古籍出版社，2002年，第18页；〔宋〕谈钥纂修：嘉泰《吴兴志》，收入《北京大学图书馆藏稀见方志丛刊》第124—125册，国家图书馆出版社，2013年。

17 〔明〕彭时、〔明〕倪谦等：《寰宇通志》卷8，国家图书馆出版社，2014年，第3、11、20页。明朝在刘宋王朝5世纪中叶于此修建书院的基础上，于1381年修建了国子监和10座庙宇。据《大明一统志》（卷6，第26页）记载，1388年，广德县为张渤修建了一座庙。关于《寰宇通志》和《大明一统志》的关系，见 Goodrich and Fang, *Dictionary of Ming Biography*, p. 1019。关于张渤的更多信息，特别是在广德，见 Hansen, *Changing Gods in Medieval China*, pp. 148–152 和 Guo, *Exorcism and Money*, pp. 60–84。

18 〔元〕周秉绣辑，〔清〕周宪敬重辑：《祠山志》。

19 〔明〕宋讷：《敕建祠山广惠祠记》，收入氏著：《西隐集》卷5，《影印文渊阁四库全书》第1225册，北京出版社，第21b页。

20 宜兴在句容东南。——译者注

21 有关这位神明出生于湖州的说法，见〔清〕胡有诚修，〔清〕丁宝书等纂：光绪《广德州志》卷13，第11页及之后；〔清〕黄教鎔、〔清〕黄文桐修，〔清〕陈保真、〔清〕彭日晓纂：光绪《龙阳县志》卷8，第18页；〔宋〕谈钥纂修：嘉泰《吴兴志》。光绪《广德州志》提到他可能来自湖南常德府龙阳县，但是嘉靖《常德府志》（〔明〕陈洪谟纂，〔明〕王偁校：嘉庆《常德府志》卷10，上海古籍书店，1964年，第8页）否定了对当地张公庙的这一解释。关于其母，见《大明一统志》，引自光绪《龙阳县志》。关于他的妻女，见〔清〕赵翼：《陔余丛考》卷35"祠山神"条，中华书局，1963年，第762-764页。关于宋代的崇祀情况，见〔宋〕周密：《齐东野语》卷13，中华书局，1983年；〔宋〕吴自牧：《梦粱录》卷1，广陵书社，2008年。宜兴的情况，见〔明〕佚名：《皇明寺观志》，清抄本，藏于南京图书馆，第63页；作者指出，该县之所以有如此多的庙祠，是因为祠山曾在那里疏凿河道。我怀疑作者或抄写者（我认为抄写者没有抄录全部内容）是宜兴人，因为有关宜兴的信息比其他地方多得多，而且全书只有宜兴这部分是有页眉的。〔清〕胡有诚修，〔清〕丁宝书等纂：光绪《广德州志》卷13，第15页。1525年，广德州判官邹守益对张王夫人崇拜做了一次徒劳的打击，这是明中期撤淫祠运动的一部分，见 Schneewind, "Competing Institutions" 以及 Schneewind, *Community Schools and the State*。

22　Campany, *Strange Writing*, pp. 369-370.（出自祖冲之《述异记》第8篇。——译者注）

23　〔清〕王僖修，〔清〕程文纂辑：弘治《句容县志》卷1，第7页。

24　关于这一过程，见 Hansen, *Changing Gods in Medieval China*。现在，许多单独的神灵崇拜也得到了研究。这种崇拜可能表达了崇拜者希望与神沟通的愿望，太祖向祠山神问卜时就是如此。又例如，汉武帝曾带着两件玉器送给美丽而强大的西王母。西王母乘着五色祥云降临到他的身边，从此以后，汉武帝思念西王母，凡是有五色云彩的地方，他都要建一座神庙。〔明〕佚名：《皇明寺观志》，第18页；Goodall, *Heaven and Earth*, p. 18.

25　〔清〕胡有诚修，〔清〕丁宝书等纂：光绪《广德州志》卷23，第22a页，引自〔宋〕周秉秀：《祠山事要》。

26　1447年，皇帝下令修缮，但是两年后因为这是"不急之务"而作罢。《明英宗实录》卷184，第3614页，正统十四年十月。在广德重修祠山庙的请求出自右副都御史崔恭，当时他正巡抚苏州、松江等府。清代学者的评论见〔清〕赵翼：《陔余丛考》卷35，"祠山神"段末。宝物交换出自〔明〕徐应秋：《祠山七宝》卷24，收入氏著：《玉芝堂谈荟》，江苏广陵古籍刻印社，1995年，第6页。

27 〔清〕曹袭先纂修：乾隆《句容县志》卷11，第57页。实录中没有关于这个请求的记载。

28 〔清〕王僖修，〔清〕程文纂辑：弘治《句容县志》卷1第8页，卷5第27b页。康熙《句容县志》卷1第22页，卷2第32页。

29 〔清〕曹袭先纂修：乾隆《句容县志》卷4，第25—26页。弘治《句容县志》列出了其他乡的3座祠山庙（卷5，第17、28b、29b页）。有人说，句容人至迟在唐代就修建了张王庙，而且至少有8座庙分散在全县各地。程尊平：《句容轶事录》（二），收入政协句容县文史委编：《句容文史资料》第8辑，政协句容县文史委，1990年，第125—129页。近年的《句容地名趣谈》中关于句容张庙的叙述试图把过去混乱的记录理顺。牛风华和曹丽的《古今张庙》认为，张王庙与前光寺是一回事，因为两者都位于城南10里，见李锋：《句容地名趣谈》，收入句容市政协学习和文史委员会编：《句容文史资料》第19辑，句容市政协学习和文史委员会，2003年，第125—127页。我找不到支持这一论点的其他文献依据。秦今宝的《地名与名人》认为，张渤是上古曾帮助传说中的圣王大禹治水的张秉的后人，张渤被安葬后，张秉和张渤一起在句容受到崇奉，见李锋：《句容地名趣谈》，第174页。

30 〔清〕曹袭先纂修：乾隆《句容县志》卷10，第30—31页。

31 这个说法见张才光：《张姓与句容城》，《句容日报》1997年5月2日。2004年5月，30多岁的记者张庆文说，他清楚地记得在20世纪90年代的某个时候读过这篇文章。当我称赞张先生这么久还记得这个故事时，他说在报纸上看到关于他们张家的故事，他当然很高兴，而且这是他已故的老师张才光写的。经过一番寻找，我回到美国后找到了这篇文章。张庆文还指出，句容作为南京的门户，是一个移民县，人口曾数次增减（这更显得张家在当地的绵延不同寻常）。

32 〔清〕曹袭先纂修：乾隆《句容县志》卷10，第30—32页。

33 2004年5月7日与翟忠华的个人交流。张元生印象中的对联是"唐代忠孝子，梁唐宰相家"。也是2004年5月7日的个人交流。

第六章　重述

1 Lee, *Celebration of Continuity*, pp. 1–2.

2 Chan, "The Rise of Ming T'ai-tsu," pp. 710–711.

3 〔明〕刘崧：《窥圃》，收入氏著：《槎翁文集》卷7，国家图书馆出版社，2014年。Translated in Dardess, *A Ming Society*, p. 16.

4 《诗经·大雅·绵》："绵绵瓜瓞，民之初生，自土沮漆。古公亶父，陶复陶穴，未有家室。" Legge, *The She King, or the Book of Poetry*, 437ff.

5 Lee, *Celebration of Continuity*, p. 27.

6 Ho, "Plant Symbolism in the Religious Poems of the Book of

Poetry," p. 166.

7 《义台张氏家乘》。

8 〔明〕朱元璋钦定：《教民榜文》，收入一凡藏书馆文献编委会编：《古代乡约及乡治法律文献十种》第一册，黑龙江人民出版社，2005年。Translated in Farmer, *Zhu Yuanzhang and Early Ming Legislation,* p. 202. 关于《大诰》的讨论，及对其部分内容的翻译，见 Dardess, *Confucianism and Autocracy,* chapter 4。

9 de Bary et al., *Sources of Chinese Tradition,* vol. 2, pp. 70–71, 125–126.

10 〔明〕朱瞻基：《五伦书》，收入《原国立北平图书馆甲库善本丛书》第478册，国家图书馆出版社，2013年。Goodrich and Fang, *Dictionary of Ming Biography,* p. 293, 970.《五伦书》的颁行时间并不清楚。《明代名人传》（*Dictionary of Ming Biography*）里有说1443年，有说1448年。卜正民的文章（Brook, "Edifying Knowledge," p. 106）列出了国家颁给县学的书目。他分清了官学藏书楼购买的书籍和中央政府赐予的书籍，指出慈利县的《五伦书》直到1447年才发下，亦即在其刊行4年之后。他认为这个时间差说明需要花钱购买这本书。但是《五伦书》的序落款是1447年。另见 Brook, "Communications and Commerce," p. 652。《五伦书》的内容涵盖了五种人伦关系（君臣、父子、夫妇、兄弟、朋友），但是62卷中有53卷都是关于君臣的，而且奇怪的是，君的部分和臣的部分是分开的。各部分的标题分别是"君道"（22卷）、"臣道"（20卷）、"父道"（2卷）、"子道"（3卷）、"夫妇之道"（1

卷）、"兄弟之道"（1卷）和"朋友之道"（2卷）。后三个标题都是一组关系，而君、臣、父、子则都是单独的。毕竟，君不仅与臣有关，他的责任更为广泛，既要对天负责，还要对民负责。特别是在进呈嘉瓜这样的事件里，与臣的关系仅是其中一个因素。每个部分又进一步分为成对的一组表现——嘉言和善行，这种说法可以分别追溯到《尚书》和《礼记》，到了宋代才并在一起使用。每一卷里都有更为具体的美德。因为这五种人伦关系是道德的根基，所以朝廷认为这本书涵盖了所有的儒家美德。

11 作者的理解稍有差错。原文为："唐太宗时，秘书监虞世南上《圣德论》。帝赐手诏称：'卿论太高，朕何敢拟上古！但比近世差胜耳。然卿适睹其始，未知其终。朕慎终如始，则此论可传；如或不然，恐使后世笑卿也。'"——译者注

12 《五伦书》中有几处细微的文字改动和省略。例如，明太祖的《嘉瓜赞》和《明太祖实录》中都出现过的进呈嘉瓜的地点被省略了，这大概是因为对不熟悉宫廷的人来说，这个地点并不重要。（这条脚注根据作者意见修改，不同于英文版。——译者注）

13 光绪《续纂句容县志》中列出了一系列地方重大事件，包括1433年和1456年张谏为父母守丧以及由此而来的吉兆，但没有提到进献嘉瓜以及张谏祖父和伯祖父被处决的事。〔清〕张绍棠修，〔清〕萧穆等纂：光绪《续纂句容县志》卷2中，第8页。

14 张憶在1470年（成化六年），亦即张谏去世前一年中举。见〔清〕

王僖修,〔清〕程文纂辑:弘治《句容县志》卷6,第26页。

15 〔清〕张绍棠修,〔清〕萧穆等纂:光绪《续纂句容县志》卷18中,第23页。这组诗可见于弘治《句容县志》。

16 〔唐〕李商隐:《柳枝五首·其三》。Translated in James J. Y. Liu（刘若愚）, *The Poetry of Li Shang-yin: Ninth-Century Baroque Chinese Poet*, p. 141.

17 汉初,秦朝的东陵侯邵平失去了财富和爵位,最后种起了瓜。幸运的是,这些瓜极甜美。陶渊明有诗赞美这位前侯爵安逸的隐居生活:"邵生瓜田中,宁似东陵时!"(《饮酒·其一》,英译见 William Acker, in Minford and Lau, eds., *Classical Chinese Literature*, p. 502.)

18 〔明〕倪谦:《已山先生张公哀辞并序》。

19 〔明〕倪谦:《已山先生张公哀辞并序》。

20 〔明〕刘俨:《嘉瓜诗》,收入〔清〕曹袭先纂修:乾隆《句容县志》卷10,第51a页。

21 〔明〕宋濂:《嘉瓜颂》。

22 〔明〕薛瑄:《书嘉瓜集后》,收入氏著,孙玄常等点校:《薛瑄全集》,山西人民出版社,1990年,第638—639页。

23 〔明〕吴节:《嘉瓜诗》,收入〔清〕曹袭先纂修:乾隆《句容县志》卷10,第51a页。

24 〔明〕薛瑄:《书嘉瓜集后》,第638—639页。

25 〔明〕李龄:《嘉瓜赋》,收入氏著:《李宫詹文集》卷1,《潮州耆旧集》第1卷,黄山书社,2016年,第15—16页。甚至有可能是张谏早年通过游说才将该故事纳入《五伦书》。

26 〔明〕黄佐:《翰林记》卷11,南京出版社,2016年,第15页。

27　时实为礼部主事。——编者注

28　〔明〕黄佐：《翰林记》卷11，第15页。

29　Dardess, A Ming Society, p. 229. 明代的"大礼议"不应与后来耶稣会传教士与反对他们的其他天主教教派之间关于基督教能否适应中国祖先崇拜的"礼仪之争"相混淆。

30　Dardess, *A Ming Society,* p. 229.

31　Bloom, "The Moral Autonomy of the Individual in Confucian Tradition," p. 26.

32　Ditmanson, "Huang Zuo and the Construction of Late Ming Nostalgia."

33　〔明〕沈德符：《万历野获编》，中华书局，1959年，第923—924页。

34　事实上，解缙修纂的《明太祖实录》中也提到了合欢树。——译者注

35　〔明〕沈德符：《万历野获编》，第923—924页。

36　〔明〕沈德符：《万历野获编》，第923—924页。

37　〔明〕朱国祯：《皇明史概》卷6《大训记》，收入《原国立北平图书馆甲库善本丛书》第127册，国家图书馆出版社，2013年，第17页。（《陶凯传》见《皇明史概》卷3《开国臣传》。——译者注）陶凯之所以能在政坛中生存，或许就在于这种善于转换的能力。关于会要的另一种与嘉瓜无关的说法，见〔明〕张嘉和：《通纪直解》卷2，明崇祯年间刊清初续刻本，第38b—40a页。明代另一种基于《明太祖实录》对进献嘉瓜一事的描述，见〔明〕王世贞：《国朝纪要》卷1，1968年翻印明刻本，藏于普林斯顿大学图书馆，第45页。

38 〔明〕钟惺撰,〔清〕王汝南补:《明纪编年》卷1,清顺治间刻本,第27页。

39 〔明〕张铨:《国史纪闻》卷2,第87页。

40 这部书最初由王圻于1603年刊印,后乾隆皇帝将其扩充。这部书将嘉瓜放到了"草异"类下,有别于"木异""谷异"以及清《钦定续文献通考》的《物异考》13卷(相较之下,《学校考》仅4卷,《宗庙考》仅5卷)中的其他类目,短短39字两次提到句容。张观的字——谷宾,并没有出现在太祖、宋濂、黄佐等人的记述或《明太祖实录》的记载中,所以王圻(和焦竑)一定看了《句容县志》、倪谦为张氏写的哀辞或其他文献。见〔清〕嵇璜、〔清〕曹仁虎等奉敕撰:《钦定续文献通考》卷218,收入《文津阁四库全书·史部·政书类》第208—209卷,商务印书馆,2005年。

41 程尊平:《句容轶事录》(二),第128页。

42 程尊平:《句容轶事录》(二),第128页。

43 句容市地方志办公室、句容市文化体育局编:《句容民间故事》,第50—51页。

44 句容市后白镇。——译者注

45 夏启云:《外国学者情系句容史志》,《江苏地方志》2004年第6期。

46 陈相臣:《句容县城地名演变浅释》,收入政协句容县文史委编:《句容文史资料》第11辑,政协句容县文史委,1993年,第58—61页。

47 作者已找不到当时的采访资料,所以无法确定这几个人的确切名字,只能按照字辈,确定中间一个字。——译者注

48 文德忠对张才波的电话采访，2004年5月9日。张是边城镇戴村人。

49 与文德忠通过传真和邮件进行的私人交流，2004年7月1日和9日。

50 〔清〕张绍棠修，〔清〕萧穆等纂：光绪《续纂句容县志》卷16，第13页。义垄张谏的碑铭依然存在。杨世沅在《句容金石记》（卷7，第33a—35b页）中介绍了石碑的状况，并抄录了碑铭。他还参与了光绪《续纂句容县志》中金石部分的工作。

51 1972年，马王堆汉墓出土了一具公元前160年左右的汉代女尸。女尸被麻布和木板层层包裹，保存完好。经解剖，发现她的肠道里装满了瓜籽。Cheng, "Evidence of Type A Personality in a Chinese Lady Who Died of Acute Myocardial Infarction 2,100 Years Ago," pp. 154–155, 参考了他发表在 National Geographic ［145（1974）: 660–681］中的发掘报告。

52 1994年的《句容县志》详细介绍了这座建筑及其被重新发现的情况。那里现由句容市博物馆负责管理。宗族兴旺和壮大的程度可以从代际和年龄的巨大差异中看出来。例如，根据文德忠给我的辈分表，记者张庆文比他已故的老师张才光大两代，而文德忠的外祖父就来自这个张氏家族（个人交流，2004年5月6日）。

致 谢

1 句容市博物馆位于句容市葛仙湖公园内重建的华阳书院，按

清代华阳书院的布局建设。——译者注
2 本书英文版出版于 2006 年。——译者注
3 该书已出版，Laurie Dennis, *The Lacquered Talisman,* Earnshaw Books，2020。——译者注

参考文献

一、中文文献

（一）史料

1. 〔梁〕沈约：《宋书》，中华书局，1974年。
2. 〔明〕陈洪谟纂，〔明〕王儼校：嘉庆《常德府志》，上海古籍书店，1964年。
3. 〔明〕陈文等：《明英宗实录》，收入《明实录》第22—38册，台湾"中央研究院"历史语言研究所影印，据国立北平图书馆藏红格钞本，1966年。
4. 〔明〕程嗣功修，〔明〕王一化纂：万历《应天府志》，南京出版社，2011年。
5. 〔明〕冯梦龙编，许政扬校注：《喻世明言》，人民文学出版社，1958年。
6. 〔明〕过庭训纂集：《本朝分省人物考》，台湾成文出版社，1971年。
7. 〔明〕何出光、〔明〕陈登云等撰，〔明〕喻思恂续撰：《兰台法鉴录》，收入《原国立北平图书馆甲库善本丛书》第257册，国家图书馆出版社，2013年。
8. 〔明〕黄佐：《翰林记》，南京出版社，2016年。

9. 〔明〕焦竑辑：《国朝献征录》，收入《原国立北平图书馆甲库善本丛书》第243—251册，国家图书馆出版社，2013年。

10. 〔明〕解缙：《文毅集》，台湾商务印书馆，1973年。

11. 〔明〕李东阳等：《明孝宗实录》，收入《明实录》第51—60册，台湾"中央研究院"历史语言研究所影印，据国立北平图书馆藏红格钞本，1966年。

12. 〔明〕李景隆等：《明太祖实录》，收入《明实录》第1—8册，台湾"中央研究院"历史语言研究所影印，据国立北平图书馆藏红格钞本，1966年。

13. 〔明〕李龄：《李宫詹文集》，收入〔清〕冯奉初编：《潮州耆旧集》第1卷，黄山书社，2016年。

14. 〔明〕李贤、〔明〕万安等：《大明一统志》，国家图书馆出版社，2009年。

15. 〔明〕刘辰：《国初事迹》，收入《中国野史集成》，巴蜀书社，1993年。

16. 〔明〕刘吉等：《明宪宗实录》，收入《明实录》第39—50册，台湾"中央研究院"历史语言研究所影印，据国立北平图书馆藏红格钞本，1966年。

17. 〔明〕刘崧：《槎翁文集》，国家图书馆出版社，2014年。

18. 〔明〕陆容：《菽园杂记》，中华书局，1985年。

19. 〔明〕倪谦：《已山先生张公哀辞并序》，收入氏著：《倪文僖集》，孔氏岳雪楼影抄文澜阁四库本。

20. 〔明〕彭时、〔明〕倪谦等：《寰宇通志》，国家图书馆出版社，2014年。

21. 〔明〕商辂：《太仆张公神道碑》，收入弘治《句容县志》

卷 11 第 63—64 页。杨世沅辑录的完整书名是《太中大夫太仆寺卿张公神道碑铭》。

22. 〔明〕沈德符：《万历野获编》，中华书局，1959 年。

23. 〔明〕宋濂：《嘉瓜颂》，收入〔明〕程敏政编《明文衡》卷 19，《影印文渊阁四库全书》第 1373—1374 册，北京出版社，2012 年。

24. 〔明〕宋讷：《西隐集》，收入《影印文渊阁四库全书》第 1225 册，北京出版社，2012 年。

25. 〔明〕谈迁：《枣林杂俎》，收入《笔记小说大观》，台湾新兴书局，1962 年。

26. 〔明〕王圻：《三才图会》，台湾成文出版社，1970 年。

27. 〔明〕王圻：《续文献通考》，台湾文海出版社，1979 年。

28. 〔明〕王世贞：《国朝纪要》，1968 年翻印明刻本，藏于普林斯顿大学图书馆。

29. 〔明〕闻人诠修，〔明〕陈沂纂：嘉靖《南畿志》，收入《北京大学图书馆藏稀见方志丛刊》第 100—104 册，国家图书馆出版社，2013 年。

30. 〔明〕谢东山等纂修：嘉靖《贵州通志》，收入《天一阁藏明代方志选刊续编》第 68—69 卷，上海书店，1990 年。

31. 〔明〕徐渭：《徐渭集》，中华书局，1983 年。

32. 〔明〕徐应秋：《祠山七宝》，收入氏著：《玉芝堂谈荟》，江苏广陵古籍刻印社，1995 年。

33. 〔明〕薛瑄撰，孙玄常等点校：《薛瑄全集》，山西人民出版社，1990 年。

34. 〔明〕佚名：《皇明寺观志》，清抄本，藏于南京图书馆。

35. 〔明〕张嘉和:《通纪直解》,明崇祯年间刊清初续刻本。

36. 〔明〕张铨:《国史纪闻》,上海古籍出版社,2018年。

37. 〔明〕赵耀、〔明〕董基合纂修:万历《莱州府志》,东莱赵氏永厚堂版。

38. 〔明〕钟惺撰,〔清〕王汝南补:《明纪编年》,清顺治间刻本。

39. 〔明〕朱国祯:《皇明史概》,收入《原国立北平图书馆甲库善本丛书》第127册,国家图书馆出版社,2013年。

40. 〔明〕朱国祯:《涌幢小品》,中华书局,1959年。

41. 〔明〕朱元璋:《皇明祖训》,北京图书馆出版社,2002年。

42. 〔明〕朱元璋:《嘉瓜赞》,收入《明太祖御制文集》,台湾学生书局,1965年;亦收入钱伯城等编:《全明文》第一册,上海古籍出版社,1992年。

43. 〔明〕朱元璋:《御制大诰》,收入《原国立北平图书馆甲库善本丛书》第447册,国家图书馆出版社,2013年。

44. 〔明〕朱元璋:《御制大诰续编》,收入《原国立北平图书馆甲库善本丛书》第447册,国家图书馆出版社,2013年。

45. 〔明〕朱元璋:《朱氏世德碑记》,收入乾隆《句容县志》卷10,南京出版社,2020年。部分英译见Chan, Hok-Lam, "Xie Jin (1369–1415) as an Imperial Propagandist," pp. 89–90。

46. 〔明〕朱元璋钦定:《教民榜文》,收入一凡藏书馆文献编委会编:《古代乡约及乡治法律文献十种》第一册,黑龙江人民出版社,2005年。

47. 〔明〕朱瞻基:《五伦书》,收入《原国立北平图书馆甲库善本丛书》第478册,国家图书馆出版社,2013年。

48. 〔清〕阿克当阿修,〔清〕姚文田等纂:嘉庆《重修扬州府志》,

凤凰出版社，2008年。

49. 〔清〕曹袭先纂修：乾隆《句容县志》，南京出版社，2020年。

50. 〔清〕陈田辑：《明诗纪事》，台湾中华书局，1971年。

51. 〔清〕鄂尔泰等修，〔清〕靖道谟、〔清〕杜诠纂：乾隆《贵州通志》，巴蜀书社，2016年。

52. 〔清〕胡有诚修，〔清〕丁宝书等纂：光绪《广德州志》，凤凰出版社，2010年。

53. 〔清〕黄教镕、〔清〕黄文桐修，〔清〕陈保真、〔清〕彭日晓纂：光绪《龙阳县志》，江苏古籍出版社，2002年。

54. 〔清〕嵇璜、〔清〕曹仁虎等奉敕撰：《钦定续文献通考》，收入《文津阁四库全书·史部·政书类》第208—209卷，商务印书馆，2005年。

55. 〔清〕刘于义修，〔清〕沈青崖纂：雍正《陕西通志》，凤凰出版社，2011年。

56. 〔清〕万斯同：《明史稿》，国家图书馆出版社，2014年。

57. 〔清〕王僖修，〔清〕程文纂辑：弘治《句容县志》，南京出版社，2020年。

58. 〔清〕徐松辑：《宋会要辑稿》，中华书局，1957年。

59. 〔清〕杨世沅记：《句容金石记》，收入《石刻史料新编》第二辑，台湾新文丰出版股份有限公司，1979年。

60. 〔清〕张绍棠修，〔清〕萧穆等纂：光绪《续纂句容县志》，南京出版社，2020年。

61. 〔清〕张廷玉等：《明史》，中华书局，1974年。

62. 〔清〕赵翼：《陔余丛考》，中华书局，1963年。

63. 〔宋〕谈钥纂修：嘉泰《吴兴志》，收入《北京大学图书馆藏稀见方志丛刊》第124—125册,国家图书馆出版社,2013年。

64. 〔宋〕吴自牧:《梦粱录》,广陵书社,2008年。

65. 〔宋〕周密:《齐东野语》,中华书局,1983年。

66. 〔唐〕班固撰,〔唐〕颜师古注:《汉书》,中华书局,1962年。

67. 〔唐〕韩愈撰,马其昶校注:《韩昌黎文集校注》,台湾世界书局,1960年。

68. 〔元〕周秉绣辑,〔清〕周宪敬重辑:《祠山志》,收入《中国道观志丛刊续编》第8册,广陵书社,2004年。

69. 《义台张氏家乘》,清同治坐月楼木刻活字印本。

70. 《张家族谱》,清道光间刊,藏于句容县档案馆。

(二)著作论文

71. 陈相臣:《句容县城地名演变浅释》,收入政协句容县文史委编:《句容文史资料》第11辑,政协句容县文史委,1993年,第58—61页。

72. 程尊平:《句容轶事录》(二),收入政协句容县文史委编:《句容文史资料》第8辑,政协句容县文史委,1990年,第125—129页。

73. 江宝钗编:《绵绵思远道:乐府诗选粹》,台湾幼狮文化事业公司,1991年。

74. 句容市地方志办公室、句容市文化体育局编:《句容民间故事》,江苏古籍出版社,2001年。

75. 句容县地名委员会编:《江苏省句容县地名录》,句容县地名委员会,1983年。

76. 句容县志地方志编纂委员会:《句容县志》,江苏人民出版社,

1994 年。

77. 李锋:《句容地名趣谈》,收入句容市政协学习和文史委员会编:《句容文史资料》第 19 辑,句容市政协学习和文史委员会,2003 年。

78. 李唐:《明太祖》,香港宏业书局出版社,1961 年。

79. 钱伯城等编:《全明文》,上海古籍出版社,1992 年。

80. 饶龙隼:《明初诗文的走向》,《江西师范大学学报(哲学社会科学版)》2001 年第 2 期。

81. 孙正容:《朱元璋系年要录》,浙江人民出版社,1983 年。

82. 西安市文物保护考古所:《西安市南郊皇明宗室汧阳端懿王朱公鏳墓清理简报》,《考古与文物》2001 年第 6 期。

83. 夏启云:《外国学者情系句容史志》,《江苏地方志》2004 年第 6 期。

84. 杨一凡:《明大诰研究》,江苏人民出版社,1988 年。

85. 张才光:《张姓与句容城》,《句容日报》1997 年 5 月 2 日。

86. 中山陵园管理局、南京孝陵博物馆编:《明孝陵志新编》,黑龙江人民出版社,2002 年。

87. 朱五义注,冯楠校:《王阳明在黔诗文注释》,贵州教育出版社,1996 年。

二、英文文献

88. Bloom, Irene. "The Moral Autonomy of the Individual in Confucian Tradition." In William C. Kirby, ed., *Realms of Freedom in Modern China*. Stanford: Stanford University Press, 2004.

89. Boxer, C. R.. *South China in the Sixteenth Century*. London:

Hakluyt Society, 1953.

90. Bray, Francesca. *Technology and Gender: Fabrics of Power in Late Imperial China*. Berkeley: University of California Press, 1997.（［美］白馥兰著，江湄、邓京力译：《技术与性别：晚期帝制中国的权力经纬》，江苏人民出版社，2010 年。）

91. Brokaw, Cynthia J.. *Ledgers of Merit and Demerit: Social Order and Moral Order in Late Imperial China*. Princeton: Princeton University Press, 1991.（［美］包筠雅著，杜正贞、张林译：《功过格：明清时期的社会变迁与道德秩序》，上海人民出版社，2021 年。）

92. Brook, Timothy. *The Confusions of Pleasure: Commerce and Culture in Ming China*. Berkeley: University of California Press, 1998.（［加］卜正民著，方骏、王秀丽、罗天佑译：《纵乐的困惑：明代的商业与文化》，海南出版社，2023 年。）

93. Brook, Timothy. "Edifying Knowledge: The Building of School Libraries in Ming China." *Late Imperial China* 17.1 (1996): 93–116.

94. Brook, Timothy. "Communications and Commerce." In Twitchett and Mote, eds., *The Cambridge History of China*, Volume 8.

95. Campany, Robert Ford. *Strange Writing: Anomaly Accounts in Early Medieval China*. Albany: State University of New York Press, 1996.

96. Cass, Victoria. *Dangerous Women: Warriors, Grannies, and Geishas of the Ming*. Lanham, MD: Rowman and Littlefield, 1999.

97. Chan, Hok-Lam. "The Chien-wen, Yung-lo, Hung-hsi, and Hsüan-te Reigns, 1399–1435." In Mote and Twitchett, eds., *The Cambridge History of China*, Volume 7.

98. Chan, Hok-Lam. "The Rise of Ming T'ai-tsu (1368–1398): Facts and Fictions in Early Ming Official Historiography." *Journal of the American Oriental Society* 95.4 (1975): 679–715.

99. Chan, Hok-Lam. "Xie Jin (1369–1415) as an Imperial Propagandist: His Role in the Revisions of the Ming Taizu Shilu." *T'oung Pao* 91: 58–124.

100. Cheng, Anne. "What Did It Mean to be a Ru in Han Times?" *Asia Major*, 3rd ser., 14.2 (2001): 101–118.

101. Cheng, Tsung O. "Evidence of Type A Personality in a Chinese Lady Who Died of Acute Myocardial Infarction 2,100 Years Ago." *Texas Heart Institute Journal* 29.2 (2002): 154–155.

102. Cleaves, Francis Woodman. "The Memorial for Presenting the Yuan Shih." *Asia Major*, 3rd ser., 1.1 (1988): 59–69.

103. da Cruz, Gaspar. "Treatise in Which the Things of China Are Related at Great Length ... ." Translated in Boxer, *South China in the Sixteenth Century*. Originally published in Portuguese c. 1569.

104. Dardess, John W.. *Confucianism and Autocracy: Professional Elites in the Founding of the Ming Dynasty*. Berkeley: University of California Press, 1983.

105. Dardess, John W.. *A Ming Society: T'ai-ho County, Jiangxi, Fourteenth to Seventeenth Centuries*. Berkeley: University of California Press, 1996.

106. de Bary, William Theodore, et al. *Sources of Chinese Tradition*. 2nd ed. New York: Columbia University Press, 2000.

107. de Crespigny, Rafe. *Portents of Protest in the Later Han Dynasty*.

Canberra: Australian National University Press, 1976.

108. de Rada, Fr. Martin, O. E. S. A.. *Relation of the Things of China, Which Is Properly Called Taybin*. Translated in Boxer, *South China in the Sixteenth Century*. Originally published in Latin, 1575–1576.

109. Ditmanson, Peter. "Huang Zuo and the Construction of Late Ming Nostalgia." Paper presented at the Association of Asian Studies conference, San Diego, CA, March 10, 2000. Cited by permission.

110. Dreyer, Edward L.. *Early Ming China: A Political History, 1355–1435*. Stanford: Stanford University Press, 1982.

111. Eberhard, Wolfram. "The Political Function of Astronomy and Astronomers in Han China." In John K. Fairbank, ed., *Chinese Thought and Institutions*. Chicago: University of Chicago Press, 1957.

112. Elman, Benjamin. *A Cultural History of Civil Examinations in Late Imperial China*. Berkeley: University of California Press, 2000.（［美］艾尔曼著，高远致、夏丽丽译：《晚期帝制中国的科举文化史》，社会科学文献出版社，2022年。）

113. Elvin, Mark. "Female Virtue and the State in China." *Past and Present* 104 (1984): 111–152.

114. Elvin, Mark. "Who Was Responsible for the Weather?" *Osiris* 13 (1998): 213–237.

115. Farmer, Edward. *Early Ming Government: The Evolution of Dual Capitals*. Cambridge: East Asian Research Center, Harvard University, 1976.

116. Farmer, Edward. *Zhu Yuanzhang and Early Ming Legislation: The Reordering of Chinese Society Following the Era of Mongol Rule*.Leiden: E. J. Brill, 1995.
117. Feng Zikai. "Eating Melon Seeds." Translated in David Pollard, ed., *The Chinese Essay*. New York: Columbia University Press, 2000.
118. Feng Menglong. "Old Man Zhang Grows Melons and Marries Wennu." Translated in Shuhui Yang and Yunqin Yang, *Stories Old and New: A Ming Dynasty Collection*. Seattle: University of Washington Press, 2000.
119. Franke, Wolfgang. "Historical Writing during the Ming." In Mote and Twitchett, eds., *Cambridge History of China*, Volume 7.
120. Goodrich, L. Carrington and Chaoying Fang, eds. *Dictionary of Ming Biography*. New York: Columbia University Press, 1976.
121. Guo, Qitao. *Exorcism and Money: The Symbolic World of the FiveFury Spirits in Late Imperial China*. Berkeley: Institute of Asian Studies, University of California, 2003.
122. Hansen, Valerie. *Changing Gods in Medieval China*. Princeton: Princeton University Press, 1990.（［美］韩森著，包伟民译：《变迁之神：南宋时期的民间信仰》，中西书局，2016年。）
123. Heijdra, Martin. "The Socio-Economic Development of Ming Rural China (1368–1644)." Ph.D. diss., Princeton University, 1994.
124. Ho, Shun-yee. "Plant Symbolism in the Religious Poems of the Book of Poetry." *Journal of Oriental Studies* 37.2 (1999): 163–

172.

125. Ho, Yün-yi. "Ideological Implications of Major Sacrifices in Early Ming." *Ming Studies* 6 (1978): 55–73.

126. Hucker, Charles O.. *A Dictionary of Official Titles in Imperial China.* Stanford: Stanford University Press, 1985.

127. Hucker, Charles O.. "Ming Government." In Twitchett and Mote, eds., *Cambridge History of China*, Volume 8.

128. Huang, Ray. *1587: A Year of No Significance.* New Haven: Yale University Press, 1981. （［美］黄仁宇著：《万历十五年》，中华书局，2006年。）

129. Jiang, Yonglin, trans. *The Great Ming Code.* Seattle: University of Washington Press, 2005.

130. Kutcher, Norman. *Mourning in Late Imperial China: Filial Piety and the State.* New York: Cambridge University Press, 1999.

131. Laing, Ellen Johnston. *Art and Aesthetics in Chinese Popular Prints: Selections from the Muban Foundation Collection.* Ann Arbor: Center for Chinese Studies, University of Michigan, 2002.

132. Langlois, John D., Jr. "The Hung-wu Reign." In Mote and Twitchett, eds., *Cambridge History of China*, Volume 7.

133. Lederose, Lotthar. *Ten Thousand Things: Module and Mass Production in Chinese Art.* Princeton: Princeton University Press, 2000. （［德］雷德侯著，张总等译：《万物：中国艺术中的模件化和规模化生产》，生活·读书·新知三联书店，2005年。）

134. Lee, Peter H.. *Celebration of Continuity: Themes in Classic East Asian Poetry.* Cambridge, MA: Harvard University Press, 1979.

135. *Li ji (Record of Rites)*. Translated by James Legge. 1895. Reprint, Delhi: Motilal Banardidass, 1966.
136. Liu, James J. Y.. *The Poetry of Li Shang-yin: Ninth-Century Baroque Chinese Poet*. Chicago: University of Chicago Press, 1969.
137. Liu Jung-en. *Six Yuan Plays*. London: Penguin Books, 1972.
138. Loewe, Michael. "China." In Michael Loewe and Carmen Blacker, eds., *Oracles and Divination*. Boulder: Shambala Publications, 1981.
139. Loewe, Michael. "The Cycle of Cathay: Concepts of Time in Han China and Their Problems." In Chun-chieh Huang and Erik Zürcher, eds., *Time and Space in Chinese Culture, 305–328*. Leiden: Brill, 1995.
140. Lippiello, Tiziana. *Auspicious Omens and Miracles in Ancient China: Han, Three Kingdoms, and Six Dynasties*. Monumenta Serica Monograph Series, no. 39. Saint Augustin: Monumenta Serica Institute, 2001.
141. John Minford and Joseph S.M. Lau, eds., *Classical Chinese Literature: an Anthology of Translations*. New York: Columbia University Press, 2000.
142. Miyazaki, Ichisada. *China's Examination Hell*. Translated by Conrad Schirokauer. New Haven: Yale University Press, 1976.（［日］宫崎市定著，宋宇航译：《科举：中国的考试地狱》，浙江大学出版社，2019年。）
143. Mote, Frederick W.. "The Rise of the Ming Dynasty, 1330–

1367." In Mote and Twitchett, eds., *The Cambridge History of China*: Volume 7.

144. Mote, Frederick W.. and Denis Twitchett, eds. *The Cambridge History of China*, Volume 7: The Ming Dynasty, 1368–1644, Part One. Cambridge: Cambridge University Press, 1988.（［美］牟复礼、［英］崔瑞德编，张书生等译：《剑桥中国明代史（上卷）》，中国社会科学出版社，1992年。）

145. Nicholson, Adam. *God's Secretaries: The Making of the King James Bible*. New York: Perennial, 2004.

146. Nivison, David S. "Aspects of Traditional Chinese Biography." *Journal of Asian Studies* 21.4 (1962): 457–463.［亚洲研究学会（Association of Asian Studies）惠允重印。］

147. Rossabi, Morris. "Ming Foreign Policy: The Case of Hami." In Sabine Dabringhaus and Roderich Ptak, eds., *China and Her Neighbors: Borders, Visions of the Other, Foreign Policy, Tenth to Nineteenth Century*. Wiesbaden: Harrassowitz Verlag, 1997.

148. Schneewind, Sarah. *Community Schools and the State in Ming China*.Stanford: Stanford University Press, 2006.（［美］施珊珊著，王坤利译：《明代的社学与国家》，浙江大学出版社，2019年。）

149. Schneewind, Sarah. "Competing Institutions: Community Schools and 'Improper Shrines' in Sixteenth-Century China." *Late Imperial China* 20.1 (1999): 85–106.

150. Schneewind, Sarah. "Visions and Revisions: Village Policies of the Ming Founder in Seven Phases." *T'oung Pao* 87 (2002): 1–43.

151. *Shi jing* (*Book of Poetry*, *Book of Songs*, and *Classic of Odes*). Translated in James Legge, *The She King*, or *the Book of Poetry*. Reprint, Hong Kong: Hong Kong University Press, 1970.（《诗经》还有很多其他译本，包括 Arthur Waley 和 Ezra Pound 的。）

152. Smedley, Agnes. *The Great Road: The Life and Times of Chu Te*. New York: Monthly Review Press, 1956.（[美]艾格妮丝·史沫特莱著，梅念译：《伟大的道路：朱德的生平和时代》，东方出版社，2005年。）

153. Strickmann, Michel. "The Maoshan Revelations: Taoism and the Aristocracy." *T'oung Pao* 63 (1977): 1–64.

154. Taylor, Romeyn. "Ming T'ai-tsu's Story of a Dream." *Monumenta Serica* 32 (1976): 1–20.

155. Thompson, Laurence G.. *Chinese Religion: An Introduction (third edition)*. Belmont: Wadsworth, 1979.

156. Thompson, Laurence G.. *The Chinese Way in Religion*. Belmont: Wadsworth Publishing, 1973.

157. Tsai, Shih-shan Henry. *Perpetual Happiness: The Ming Emperor Yongle*. Seattle: University of Washington Press, 2001.（蔡石山著，江政宽译：《永乐大帝》，中华书局，2009年。）

158. Twitchett, Denis. *The Writing of Official History under the Tang*. Cambridge: Cambridge University Press, 1992.（[英]杜希德著，黄宝华译：《唐代官修史籍考》，上海古籍出版社，2010年。）

159. Twitchett, Denis and Frederick W. Mote, eds. *The Cambridge History of China*, Volume 8: The Ming Dynasty, 1368–1644, Part Two. Cambridge: Cambridge University Press, 1998.（[英]

崔瑞德、［美］牟复礼编，杨品泉等译：《剑桥中国明代史（下卷）》，中国社会科学出版社，2006年。）

160. Wakefield, David. *Fenjia: Household Division and Inheritance in Qing and Republican China*. Honolulu: University of Hawaii Press, 1998.

161. Wu, Hung. *The Wu Liang Shrine: The Ideology of Early Chinese Pictorial Art*. Stanford: Stanford University Press, 1989.（［美］巫鸿著，柳扬、岑河译：武梁祠：中国古代画像艺术的思想性》，生活·读书·新知三联书店，2015年。）

162. Xiaoling Museum of Nanjing. *Xiaoling Tomb of the Ming Dynasty*.Nanjing: H.K. International Publishing House, 2002.

附　录　三种叙事

《嘉瓜赞》

〔明〕朱元璋

洪武五年六月，朕居武楼，漏刻，时当正午，内使来报，诸衙门官奏事。忽中书都府台官俱至，想早朝之事已办，此来必匡吾以治道。

良久，礼部尚书陶凯捧二瓜诣前，初止知有瓜，不分何如。尚书奏言："世瓜生同蒂。"既闻，甚奇之。试问前代所以，群臣历言前代数帝皆有之。称曰："祯祥。今陛下临御之时，瓜生同蒂，产于句容。况句容，帝之祖乡。其祯祥不言可知矣。"此群臣美言如是。

尝闻天气下降，地气上升，岁得好收，民获丰年。及嘉禾并莲，合欢连理，麦调二岐，数物曾闻有之。同蒂之产，未闻罕见，故甚奇之。且出身农家，亲耕畎亩，岁睹五谷生成，不闻同蒂。居群雄中一十年，为王为帝纪已十载，尚未知此瑞，因不识诗书，欠博观乎古今，以致如是。

当献瓜之时，群臣以德归于朕。既听斯言，惶愧暗惭，不敢以德应瑞，但祈年丰民乐耳。朕本薄德，纵使有德，上帝必不报一祯祥以骄我。若有微过，必垂恶象以昭示之，使我克谨其身，使民不至于祸殃。古今五谷之嘉，草木之祥，根培沃壤，不过数尺丈余之地产生，所有祥庆，必归主临之者，于朕无干。然此生成结实之物，世人所见者，岂比交梨、火枣、蟠桃之类，有所闻而不可见耶！凡数尺数丈数亩地内，五谷草木祯祥，惟庆于主临之者。若尽天地间，时和岁丰，或乃王者之祯有之，王祯不在乎微末之中，稽首瞻天，诚钦后土，故咏诗以赞曰：

上苍鉴临，地祇符同。
知我良民，朝夕劝农。
天气下降，地气上升。
黄泉沃壤，相合成形。
同蒂双产，出自句容。
民不自食，炙背来庭。
青云颜采，有若翠琼。
剖而饮浆，过楚食萍。
民心孝顺，朕何有能？
拙述数句，表民来诚。
愿尔世世，家和户宁。
有志子孙，封侯列公。
虽千万世，休忘劝农。

《嘉瓜颂》

〔明〕宋濂

皇明式于九围，德渐仁被，和气薰蒸，灵物效祥。乃洪武五年夏六月，嘉瓜生于句容张观之园。双实同蒂，圆如合璧，奇姿分辉，绀色交润，诚为旷世之产。壬寅，京尹臣遇林函以素甋，图其形于上，移文仪曹，请以奏闻。癸卯，尚书臣凯等奉瓜以献。时上御武楼，中书右丞相臣广洋、左丞臣庸、同知大都督府事臣英、御史中丞臣宁、翰林学士臣濂，咸侍左右。天颜怡愉，重瞳屡回，良久乃言曰："征之往牒，其事云何？"丞相奏言："汉元和中，嘉瓜生于郡国。唐汴州亦献嘉瓜。祯祥之应，有自来矣。陛下励精图治，超汉轶唐，故天锡之珍符，太平有象，实见于兹。"上谦让弗居。俄以灵贶之臻，复不可不承，乃诏内臣置诸乾清宫。翌日甲辰，荐诸太庙。

臣濂退而思之，夫瓜，蓏之属也，其蔓远引，其叶阜蕃，诸传有之。神瓜合形，表绵绵之庆，此固兆圣子神孙享亿万载无疆之祉。况瓜之所出，本于回纥，中国讨而获之，故名为西。方今皇上命大将军统师西征，甘肃西凉诸郡俱下，而瓜沙已入职方。行见西域三十六国，同心来朝，骈肩入贡。天显叶瑞，其又不在于兹乎？然而"异亩同颖"，周公作《归禾》之篇。三秀合图，班氏有《灵芝》之歌。矧此嘉植，含滋发馨，昭宣我神应，焜煌我王度，宁可喑默而遂已乎？顾臣驽劣，不足以美盛德之形容，谨上其事，愿宣付史馆，以备实录。复系之以颂，颂曰：

乾道载清，坤维用宁。保合大和，发为休祯。
句容之墟，物无疵疠。神瓜挺出，殊实同蒂。
瓜孰非单，比合而生。二气毓质，双星降精。
蜜房均甘，冰圭竞爽。明月重轮，仿佛堪象。
岂无宾连，产于户东。畴若兹瓜，协瑞联祥。
亦有华平，张翠作盖。畴若兹瓜，交辉映彩。

其兆伊何，萝图绵延。西域既柔，德冒八埏。
郡臣曰都，载拜稽首。神休滋彰，天子万寿。
粤从启运，灵贶叠甄。两岐秀麦，合柎孕莲。
矧此贞符，近在辇毂。王化自迩，远无不服。
帝曰吁哉，朕犹慊然。瑞当在人，物胡得专。
使物为祥，宜献清庙。自我先人，积庆所召。
孰瑞不矜，帝则弗居。唯亲是思，我民之图。
以实应天，斯乃盛德。小臣作颂，以示罔极。

《明太祖实录》

卷七十四

癸卯，句容县民献嘉瓜二同蒂而生。上御武楼，中书省臣率百官以进。礼部尚书陶凯奏曰："陛下临御，同蒂之瓜产于句容。句容，陛下祖乡，实为祯祥，盖由圣德和同，国家协庆，故双瓜连蒂之瑞，独于此彰，陛下保民爱物之仁非偶然者。"上曰："草木之瑞，如嘉禾并莲、合欢连理、两岐之麦、同蒂之瓜，皆是也。卿等以此归德于朕，朕否德不敢当之。纵使朕有德，天必不以一物之祯祥示之，苟有微过，必垂象以谴告，使我克谨其身，保民不至于祸殃。且草木之祥，生于其土，亦惟其土之人应之，于朕何预？若尽天地间时和岁丰，乃王者之祯。故王祯不在于微物。"遂为赞，赐其民钱千二百。